柴可夫斯基

SHIJIE
MINGREN
ZHUANJI
CONGSHU

江 山◎编著

少年
励志版
SHAONIAN
LIZHIBAN

世界名人传记丛书

北方妇女儿童出版社

图书在版编目(CIP)数据

柴可夫斯基/江山编著. —长春:北方妇女儿童出版社,2010.5(2017.3重印)
(世界名人传记丛书)
ISBN 978 - 7 - 5385 - 4580 - 7

Ⅰ.①柴… Ⅱ.①文… Ⅲ.①柴可夫斯基,P.(1840~1893)-传记-青少年读物
Ⅳ.①K835.125.76 -49

中国版本图书馆 CIP 数据核字(2010)第 072328 号

世界名人传记丛书

shi jie ming ren zhuan ji cong shu

总 策 划	李文学　刘　刚	
编　 著	江　山	
责任编辑	李少伟　张晓峰	
插　 图	刘凤山	
出版发行	北方妇女儿童出版社	
	(长春市人民大街 4646 号　电话:0431 - 85640624)	
印　 刷	北京龙跃印务有限公司	
开　 本	710 × 1000 毫米　1/16	
印　 张	10	
字　 数	74 千字	
版　 次	2010 年 5 月第 1 版	
印　 次	2017 年 3 月第 4 次印刷	
书　 号	ISBN 978 - 7 - 5385 - 4580 - 7	
定　 价	29.80 元	

质量服务承诺/如发现缺页、错页、倒装等印装质量问题,可向印刷厂更换。

前言

　　《世界名人传记丛书》精选出来的世界名人完全是基于客观公正的立场，兼容古今中外，从教育、文学、科学、政治及艺术等方面选出最具影响力的著名人物。我们在向少年读者介绍世界上这些著名人物时，把他们面临危机的镇静，驾驭机遇的精明，面对挑战的勇气，别出心裁的创新，以及他们的志向、智慧、风格、气质、情感，还有他们的手段、计谋，以及人生的成功和败笔，一并绘声绘色地勾画出来。让少年读者跟随他们的脚步，去认识一个多维的世界，去体验一个充满艰辛、危机和血泪，同时又充满生机、创造和欢乐的真实人生。

　　为了顾及少年读者阅读的兴趣和习惯，这些传记都避免正面冗长的说教性叙述，而多从日常生活中富于启发性的小故事来传达名人所以成功的道理，尤其是着重于他们年少时代的生活特征，以期诱发少年读者们的共鸣。尽管是传记作品，我们也力求写得有故事性、趣味性。以人物的历史轨迹为骨架，以生动的故事为血肉，勾勒出名人们精彩的人生画卷；多用有表现力的口语、短句，不写套话、空话，力戒成人化，这是我们在风格和手法上的追求。

书中随处出现的精美生动的插图，乃是以图辅文，借以达到图文并茂的目的。每一个名人传记的文后，都附有简单的年谱，让少年读者能够从中再度温习名人的重要事迹。

　　希望我们的少男少女在课外阅读这些趣味性浓厚而立意严肃的世界名人传记时，能够于不知不觉之中领悟到做人处世的人生真谛。

2010 年 3 月

序言

　　1893 年 11 月，俄国音乐家柴可夫斯基在俄国彼得堡逝世了。全世界都为失去了一个人民喜爱的伟大音乐家而十分悲痛。

　　柴可夫斯基被誉为人类音乐史上第三个里程碑，前两个是莫扎特和贝多芬。

　　柴可夫斯基是一位多产的音乐家，一生中创作了数百首乐曲及歌曲。他创作了著名的芭蕾舞曲《天鹅湖》、《睡美人》、《胡桃夹子》，被称为俄国芭蕾舞曲之父。这三部芭蕾舞剧在世界芭蕾舞坛也占有重要地位。柴可夫斯基的歌剧《叶甫根尼·奥涅金》、《黑桃皇后》，乐曲《第六交响曲——悲怆》、《降 B 小调第一钢琴协奏曲》、《如歌的行板》都是世界音乐经典，至今仍在各国常演不衰，深为人民喜爱。在每一个音乐爱好者的家中，柴可夫斯基的乐曲是必备的珍藏。

　　柴可夫斯基的音乐具有浓厚的民族气息，他从俄国民歌、民乐中吸取了大量营养，俄国文豪托尔斯泰说，从柴可夫斯基的音乐中可以听到俄国人民的灵魂。柴可夫斯基一生反对黑暗和专制，追求自由和光明，这使他的音乐有了深刻的主题和灵魂。他的乐曲富于创新，具有独特的个性，又非常优美，令人听到后牢牢地被吸引，而且经久难忘。

　　柴可夫斯基自幼便显现了良好的音乐天赋，但他的成功却在于日复一日、年复一年的辛勤学习和创作。每一部音乐作品都是柴可夫斯基呕心沥血之作，都是他智慧与汗水的结晶。

世界音乐宝库因为有了柴可夫斯基的音乐而愈显辉煌，人类的生活因为有了柴可夫斯基的音乐而更加丰富多彩。柴可夫斯基和他的音乐将永远如星斗，照耀着人类的历史，照耀着人类的心灵。

编者 识

目录

令人着迷的"乐队琴"

爱好音乐的少年

他刚刚四岁时，"乐队琴"就使他着迷，卡玛河畔的渔歌令他神往，莫扎特的乐曲抚慰他进入梦乡……

宽大的客厅里，摆放着一盆盆鲜花，室内散发着鲜花的芳香。明媚的阳光从洁净的落地窗射进来，使房间温暖、明亮。

一个小男孩静静地坐在客厅的沙发上，凝神倾听着身边"乐队琴"奏出的美妙音乐。他的名字叫彼得·伊里奇·柴可夫斯基，家里人都叫他的昵称——彼得。彼得于1840年出生于俄国的边境小城伏特金斯克，今年刚刚四岁。年纪虽然幼小，但他却对"乐队琴"非常着迷，常常一个人坐在琴旁，听它从宽大的琴箱中奏出的一支支世界名曲。

"乐队琴"是一种很神奇的乐器，它由许多粗细不同、长短不一的风琴管子组成，用一些打着孔眼的圆筒控制。这些孔眼对应着乐曲的音符，只要你一按动操作按钮，"乐队琴"就可以自动奏出完整的乐曲。当

1

然了，这种乐器很贵重，普通人家是买不起的。柴可夫斯基的父亲伊里亚·彼得罗维奇·柴可夫斯基是一位采矿工程师，又是一座工厂的厂长，生活很富裕，所以家中不但有"乐队琴"，还有钢琴等贵重乐器。这给痴迷音乐的小柴可夫斯基创造了很好的条件。

"听，我们的儿子又在欣赏音乐了。"坐在窗外花园里的伊里亚微笑着对妻子说。

"是啊，我们的小儿子可真是个音乐迷。坐到'乐队琴'旁就着了迷。"亚历山德拉·阿茜埃也微笑地看着丈夫说。

阿茜埃是法国移民，文化素养很高，精通俄、法、德三国语言，懂音乐，钢琴弹得很好，她又对丈夫说：

"咱们小儿子的音乐品位还不低呢，他喜欢听莫扎特、罗西尼、贝里尼的乐曲，还能模仿着在钢琴上弹出他们的乐曲片断。"

"小儿子可是接受了你的遗传。有其母就有其子嘛。"伊里亚笑着说。

"你也很喜欢听音乐嘛。"阿茜埃拍拍丈夫的手。

"我们不能埋没了儿子的天才，给他请个钢琴教师吧。"伊里亚又说。

"好，我赞成。"

阿茜埃转过头，透过落地窗看着神情专注、完全沉浸在音乐天堂里的小儿子，心想，这孩子真像是艺术女神维纳斯下放到人间的小天使呀。

就这样，钢琴教师玛丽娅·玛柯芙娜·波奇科娃来到柴可夫斯基家，对小彼得进行正规的培养和训练。

令波奇科娃惊奇的是，小彼得一坐到钢琴前就着了迷，弹起来不知道疲倦。好多孩子都央求教师早些让他们休息，可小彼得却央求教师多让他弹琴。

一天上午，波奇科娃已教小彼得弹了两个多小时琴，她看看座钟说：

"午饭时间到了，咱们去吃饭吧。"

"您先去吃吧，我再把这一段练两遍。"小彼得头也不抬地说。

波奇科娃知道小彼得的脾气，悄悄走出去了。她吃完午饭，又散了一会儿步，回到客厅，只见小彼得仍在埋头练琴，阿茜埃站在他的身后。

"这孩子吃饭了吗?"波奇科娃悄声问阿茜埃。

阿茜埃心疼地摇摇头，"没有，我让他去吃饭，他说一定要把这段曲子练好再去吃。"

"这孩子真是着魔了。要成为音乐家，还真得有这股魔劲儿。我看这孩子将来一定会成为一个大音乐家。"

"真的吗?"母亲眼睛中闪出兴奋的火花。

波奇科娃点点头："我教过很多孩子，还从没有像这个孩子这样着魔，这样刻苦的。而且这孩子很有天赋，他对音乐的领悟力很高。"

"是吗? 您这样认为?"母亲的脸上笑开了花。

这种痴迷和勤奋使小彼得进步非常快，一年多时间，他的钢琴技法就快赶上老师了。而且，他也能熟练地弹奏一些有名的钢琴曲。

　　小彼得不但对弹琴着魔，对听"乐队琴"也一如既往地着魔。波奇科娃对阿茜埃说："这孩子听曲子这么专注，好像是能从曲子中听出好多门道来，我看他将来不只是会弹一手好钢琴，还能会作曲，成为一个有名的作曲家。那时候，我，还有您，夫人，我们可以欣赏到您的儿子、我的学生创作的乐曲，那该是多么愉快啊！"

　　"您总是这么鼓励他。孩子还小，还需要好好培养呢。"母亲替儿子谦虚，但心里却甜甜的。

　　一天夜里，阿茜埃起身上厕所，突然，她听到客厅里有音乐声。已经半夜了，这是怎么回事？她带着疑惑穿着睡衣走进客厅，只见小彼得也穿着睡衣，蜷缩在沙发上，全神贯注地倾听着"乐队琴"奏出的乐曲。

　　"孩子，你是怎么了？这么晚了不睡觉？"

　　小彼得伸出一根手指挡在嘴巴上，示意母亲不要出声。听完了这支曲子，他满怀神往地对母亲说："莫扎特的这首曲子多好啊，多美妙啊！听啊，它现在还在我的脑袋里回响。"

　　母亲搂住小儿子，心想，这孩子将来可能真如他的教师所说，会成为一个作曲家。他能领会乐曲的美妙和真谛。如果真的有那一天，自己会坐在音乐厅或是自己家的客厅里，欣赏儿子谱出的乐曲，那是多么美妙的事啊！

　　母亲把小儿子紧紧搂在怀里，眼中不觉涌出幸福的泪水。

　　"妈妈，你怎么啦？"小柴可夫斯基不解地问。

　　"没什么，孩子，我们睡觉去吧。"

　　母亲抱起小儿子，把他送进卧室。

小柴可夫斯基躺在床上，但脑子里仍响着莫扎特的乐曲，那乐曲使他陶醉，使他神往，他就在美妙乐曲的抚慰中幸福地睡着了。

卡玛河畔的渔歌

在彼得·伊里奇·柴可夫斯基出生的伏特金斯克市郊，有一条卡玛河。河水清澈见底，河中有各种鱼儿自由自在地戏耍游动。河两岸是大片的白桦林，白色的桦树皮在阳光下闪着银光。松鼠在林中跳来跳去，小鸟在树上放声歌唱。这一切构成了一个美丽的童话世界。

彼得·伊里奇·柴可夫斯基的母亲非常热爱大自然，在小儿子腿脚硬实了些，能走较远的路以后，就领着他到美丽的卡玛河畔散步。

走进这童话世界，柴可夫斯基真是高兴啊，他时而在河边戏水，看游鱼四处游散；时而又在林中奔跑，跟小松鼠做捉迷藏的游戏；时而又摘下一些鲜花，编成花环献给母亲……

远处传来悠扬的歌声，柴可夫斯基立刻停住脚步，竖起耳朵倾听。接着，他不觉迈动脚步，向着发出歌声的方向走去……母亲连忙跟在他的身后一同走去。

一个中年渔夫打完了鱼，躺在河边的草地上休息。也许是对

今天的收获感到很满意，他愉快地放声歌唱。

"妈妈，这位伯伯唱得真好听。他唱的是什么歌？我怎么没听过。"

"他唱的是民歌，俄罗斯民歌。俄罗斯民族有好多动听的民歌，千百年来，在民众中传唱着。"

渔夫唱完了一首歌，柴可夫斯基走到他面前，"伯伯，您刚才唱得真好听，这首歌叫什么名字？"

"没有名字，是我们渔夫打鱼时唱的，我们叫它渔歌。还有船歌，划船时唱的；还有纤夫歌，拉纤时唱的；猎歌，打猎时唱的；织歌，女人纺织时唱的……我们俄罗斯可是个爱唱歌的民族，有好多好多民歌，有歌唱劳动的，歌唱四季的，歌颂家乡的，歌颂美丽风光的，歌唱爱情的，歌唱动物的，嗯，还有歌唱心情的——唱心中的快乐，唱心中的希望，唱心中的悲伤，唱心中的忧愁……"

"这些歌都像您刚才唱的那样好听吗？"柴可夫斯基睁着圆圆的眼睛又问。

"好听，都非常好听，不好听就不能千百年流传了。"

"那这些歌是谁作曲的呢？是作曲家作的曲吗？"

"不知道是谁作的曲，但肯定不是由作曲家作的曲。我想啊，是老百姓自己唱出来的，他们心里想唱，就唱出来了。"

"那他们学过作曲吗？"

渔夫摇摇头："我想他们没学过，大多数人根本就不识谱，因为他们是穷人，上不起学。比如我，就不识谱，可我会唱，想唱，就唱出来了。"

"不识谱，怎么能作出这么好听的歌呢?"

"这……你这孩子可真能问。"渔夫想了一会儿说:"我觉得，这些民歌都是大众从心底里唱出来的，所以真实、真诚，而真实、真诚最能感动人。还有，你看——"渔夫向四周一指，"我们俄罗斯的风光是多么美丽啊，在这么美丽的风光中唱出的歌，怎么能不好听呢?"

"妈妈，我们以后要常来这里，这样我也就能唱出好听的歌了。"柴可夫斯基拉住妈妈的手说。

"好，我们以后常来。"

"孩子，我看出你是一个热爱音乐的孩子，也好琢磨问题，爱动脑筋。以后你来这里，我教你唱歌，唱我们俄罗斯的民歌。"渔夫用喜爱的目光看着柴可夫斯基说。

"太好了!伯伯，你现在就教我唱吧。"柴可夫斯基又拉住渔夫的手。

"好，现在就唱。"渔夫用双手捧起河水清了清嗓子，唱了起来，边唱边教柴可夫斯基。浑厚的男中音，清脆的男童音在卡玛河畔回响着……

中午了，阿茜埃从带来的竹篮中取出野餐食品，请渔夫一起吃午餐。

"这，这可不好意思。"渔夫憨厚地搓着双手。

"您教我儿子唱了半天歌，我们应该请您吃饭。"阿茜埃笑着说。

渔夫看着竹篮里精美的食品，又看看阿茜埃与柴可夫斯基身上讲究的服装，说:"你们家很有钱吧?"

柴可夫斯基反问："伯伯，您的家没有钱么？"

渔夫指指身上破旧的衣服，"你看我像个有钱人吗？我们成天打鱼、干活，但是很穷，大多数老百姓都很穷。"

"为什么大多数老百姓都很穷？"

"这，孩子，你可把我问住了。"渔夫有些羞涩地笑笑，又说："生活啊，就是不容易。"

母亲说："孩子，吃饭吧。吃饭时不要多说话，免得影响消化。"

吃完饭，又休息了一会儿，母亲要领着儿子回家了。

柴可夫斯基恋恋不舍地拉着渔夫的手："伯伯，我还要来听你唱歌，请你教我唱歌。"

"来吧，孩子。我喜欢你，你不来，我会想你的。"渔夫摸摸柴可夫斯基的头。

以后，柴可夫斯基经常让妈妈领他来卡玛河边，听渔夫、船夫唱歌。俄罗斯民歌、民间音乐像卡玛河水一样滋润了他的音乐细胞，对他今后的音乐之路起到了至关重要的作用。

法律学校中学音乐

19世纪末的俄国，上等人家的子弟很时兴学法律，因为学了法律就可以进政府机构中当官员，掌握权力，进入上流社会。

柴可夫斯基的父亲也希望小儿子走这条路，在他 10 岁的时候把他送进了首都彼得堡的法律学校。

柴可夫斯基进了彼得堡法律学校，但他却不愿意学法律，也不想将来在腐败的沙皇政府里做官，他只对音乐感兴趣。他也不喜欢他的同学们，这些富家子弟看不起他这个从边境小城来的学生，嫌他土气，骂他是"乡巴佬"。

在课堂上，柴可夫斯基常常偷偷地在课桌下看有关音乐的书籍，那些大音乐家的事迹像定音鼓一样震撼着他的心灵，那些起伏波动的音符如卡玛河中的浪花，在他的胸膛中激起波澜。一次，他看乐谱着了迷，手指不自觉地在课桌上轻轻敲起了旋律。

"柴可夫斯基，你在干什么？"

柴可夫斯基一惊，抬起头，只见老师站在他面前，同学们则望着他怪笑，做着鬼脸。

"我，我没干什么。"柴可夫斯基结结巴巴地回答。

老师从他的课桌中拿出音乐书籍，"我知道你喜欢音乐，可你偷偷自己看也就罢了，怎么还敲起课桌来了？"

柴可夫斯基惶恐地站了起来："老师，对不起，我不是故意的，我……"

"你要知道，你父亲花大价钱送你来这是学法律的，不是学音乐的。"

柴可夫斯基低下头不吭声。

"你以后要注意，不能再这样下去了。"老师说罢走回到讲台继续上课。

柴可夫斯基后来还是经常偷偷地在课桌下读音乐书，练习作曲，但他特别注意不要发出声音，没有再犯敲响课桌的错误。

彼得堡是俄国的大城市，有多座剧院、歌剧院，这是柴可夫斯基过去居住的小城波特金斯克所不具备的。柴可夫斯基充分利用这一条件，经常在晚上去剧院听歌剧。他特别喜欢莫扎特和格林卡的歌剧。在当时，歌剧的票价是很贵的。但柴可夫斯基宁愿在生活上节衣缩食，也绝不放过一场优秀的歌剧或音乐会。

一天，柴可夫斯基从海报上看到一条消息，意大利的一个著名歌剧团要来彼得堡演出莫扎特的歌剧《唐璜》。他欣喜若狂，立刻赶到剧院门前去购票。一看票价，他愣住了，票价比俄国剧团的演出票价高好几倍。而这月他剩下的生活费根本不够买一张票。怎么办？向同学借？他生性腼腆，更不愿向那些把他看做"乡巴佬"的同学借。舍弃这出剧？怎么舍弃得了呢？意大利的名剧团来彼得堡演出多不容易呀！何况又是自己最喜欢的音乐家莫扎特的歌剧。怎么办？

柴可夫斯基于心不甘地在剧院四周徘徊。天上下起了雨，但他似乎没有感觉到。雨水随风刮进了剧院一扇敞开的窗户，室内的工作人员把窗户关上了。柴可夫斯基真想让自己也化作一滴雨水，钻进剧院里去。

几辆运货的马车停在剧院的后门。车上下来一伙人急急忙忙向剧院内搬运剧团演出用的道具、服装等物品。一个负责人高喊着："大家快一些，不要让物品淋湿了。"

柴可夫斯基不觉迈动脚步，上前帮助搬运起来。他还没有成年，很瘦弱，也没干过体力活，搬起东西来很吃力。但他卖力气地干着，脸上又是雨水，又是汗水。其他干活的成人们都夸奖起

11

这个男孩子来。

物品搬运完了，负责人摆手把柴可夫斯基叫过去。

"小朋友，谢谢你，累坏了吧？"

"不，不累。"柴可夫斯基擦着汗水回答。

"还说不累，满脸都是汗。看，衣服也淋湿了。"负责人说着从衣袋中掏出钱来，"给，这是给你的报酬。"

"不，我不要。"柴可夫斯基向后退了一步。

"拿着，你帮我们干了活，应该得到报酬。"

"不，先生，我真的不要！"柴可夫斯基把手背到身后。

"真是个好孩子！可这钱你一定得拿着，不然我们心不安呀。"

"先生，我不要钱，您实在要谢我，就让我进去看你们的演出吧。我是个歌剧迷，非常渴望能看到你们的这次演出。"

"好，我可以答应你。你就在后台看我们的演出吧。"

柴可夫斯基激动得声音都哆嗦了："谢谢，谢谢先生。"

演出是高水平的，柴可夫斯基大开眼界，他睁大眼睛注视着演员的每一个动作，竖起耳朵倾听演员唱出的每一个音符。看到动人之处，他不觉泪流满面，浑身颤抖。

看完歌剧回到学生宿舍，他仍沉浸在歌剧的情节和音乐中，久久难以入眠。他圆睁着眼睛望着窗外的明月，心中回荡着歌剧一段段动人心魄的旋律……

第二天，柴可夫斯基给父母写信，他要同亲爱的父母共同分享欣赏意大利歌剧的激动与喜悦，他在信中说：

意大利歌剧团演出的莫扎特歌剧《唐璜》给我留下了强烈印象，它激起了我的一种神圣感。我崇拜莫扎特，我要将我的生命献给音乐。

怀念母亲

1854 年 7 月，柴可夫斯基收到家中传来的噩耗，母亲患上霍乱急症，不幸去世了。刚一看到家中的来信，柴可夫斯基悲痛得昏了过去。

晚上，躺在床上，14 岁的柴可夫斯基思念母亲，泪水浸湿了枕头。慈祥、仁爱的母亲的身影始终晃动在眼前，母亲与自己朝夕相伴的日日夜夜一幕幕浮现在脑海中……

自己从小就瘦弱，又极其敏感，兄弟姐妹都管自己叫"玻璃人"。正因为如此，母亲对自己特别关爱。

晚上，母亲搂着自己，用柔和的嗓音唱着儿歌，直到自己安静地睡着了，母亲才轻轻地离去。母亲的嗓音柔和、清亮，像风铃一样好听，她在自己床前的歌唱，是最好的催眠曲。到了彼得堡后，当偶尔睡不着觉时，想起母亲晚上的歌声，还能起到催眠作用。

白天，母亲领着自己去卡玛河边散步，让自己锻炼身体，沐浴阳光，呼吸新鲜空气。在卡玛河边，自己认识了不少渔夫、船夫，以及他们的孩子，学会了不少民歌、儿歌。

自己刚刚三岁，母亲就教自己唱儿歌，她教得非常耐心，一遍又一遍……接着母亲又教自己学钢琴。她手把手地教，那手真温暖，真柔软啊。母亲就是自己的音乐启蒙老师——世界上最好的启蒙老师，没有一个老师能像她那样耐心，那样温和，那样认真，那样细致。

母亲教自己唱的第一首儿歌是《小松鼠》：

小松鼠，小松鼠，
尾巴大，脑袋小，
眼睛亮晶晶，
身体毛茸茸。

小松鼠，小松鼠，
爬上树，吃松籽，
嘴巴尖又尖，
松籽香又甜。

这儿歌现在还记得这样清晰，永远也忘不了，永远回响在自己心中。

学会了一些儿歌以后，自己也想创作儿歌，创作一首献给母亲的儿歌。那是在四岁的时候，自己真的创作了一首儿歌。那首儿歌中的一个旋律是从渔夫的小女儿那学来的。自己在这一旋律的基础上做了加工、创新，歌词也是自己作的。歌名叫做《我们的妈妈去了彼得堡》——

哗啦啦，哗啦啦，

马车轮儿飞转。

丁零零，丁零零，

车铃阵阵响。

翻过山，越过河，

我们的妈妈去了彼得堡。

彼得堡，彼得堡，

有大街，有剧院。

彼得堡，彼得堡，

有公园，有宫殿。

妈妈呀，好妈妈，

我们也想去彼得堡。

那时候彼得堡在自己心中是俄国最大最好的城市，既美丽，又神奇，所以幻想亲爱的母亲能够带上自己和兄弟姐妹去彼得堡。

"妈妈，我要给你唱一首儿歌。"

"好呀，唱给妈妈听吧。"

"这首歌是我作的。"

"你作的？真的吗？"妈妈睁大眼睛。

"真是我作的，歌词、曲子都是我作的，名字叫《我们的妈妈去了彼得堡》。"

"是吗？快，快唱给妈妈听。"

自己用稚嫩的童音唱了起来……

"好，好听！歌词也好，曲谱也好，我的小儿子唱得也好!"妈妈兴奋地抱起自己。

"妈妈，喜欢听吗?"

"喜欢听，比听那些名曲还喜欢听。"

"那，我以后还要作歌曲给妈妈听，作好多好多歌曲。"

妈妈热烈地亲吻自己，"好孩子，你要是能作好多好曲子，成为一个作曲家，那妈妈太高兴了，太幸福了。妈妈要天天弹你作的曲子，唱你作的歌子。"

可自己还没有成为作曲家，还没有作几首曲子，妈妈已经去世了，再也听不到自己给她唱歌了……

柴可夫斯基的眼中又涌出泪水。

"不，妈妈，你会听到我唱的歌的，会听到我作的曲的。我今后一定要努力学习音乐，作好多好听的曲子，唱给妈妈在天上的灵魂听。妈妈，我一定要成为一个作曲家，不辜负你的希望。"

柴可夫斯基睁大眼睛望着天上的月亮，妈妈似乎在月亮上望着自己，在与自己进行心灵的交流。妈妈呀，我的好妈妈……

把公文吞进肚子里

院长吃惊的天赋，他献给毕业典礼的礼物是《欢乐颂》。

他不爱阅读公文，经常偷看乐曲；在音乐学院展现出令

时间过得真快，转眼间柴可夫斯基从法律学校毕业了。1859 年夏，他被分配到司法部当了一名文书。

对于一般学生来说，毕业后能分到司法部这样的大衙门工作，是求之不得的事情，这里的薪水会比较高，晋升的机会也比较大。但柴可夫斯基却不是这样，对司法部的工作，他没有任何兴趣。相反，沉闷、死板、僵化的官僚机构使他感到非常厌烦，走进死气沉沉的司法部大楼，他就感到喘不过气来，浑身不舒服。

最使柴可夫斯基感到头疼的是两件事：

一件事是同上司打交道。他生性腼腆，不善应酬，见到生人就脸红，更不会恭维、奉迎。但是在官僚机构，对上司溜须拍马是司空见惯的，不这样就很难往上爬，甚至连原来的职位也保不住。柴可夫斯基在走廊见

到上司就躲避，或是低头走过，平日也不与上司接近。他不接近上司，上司自然对他也很冷淡，甚至有时对他白眼相看。同事们也都认为他很古怪，不合时宜。同事们的异样的目光，那小声但很刺耳的议论，使柴可夫斯基感到很不自在，就好像芒刺在背。

另一件事是阅读枯燥、乏味的公文。这些公文满是空话、套话、废话，而且又臭又长，让柴可夫斯基看了又头疼又反胃。

但柴可夫斯基是一名文书，他每天都得接触大量公文，不是阅读就是书写，这让他腻味透了。他是一个性格浪漫、热爱自由的人，如今每天受到上司冰冷的目光和满桌公文的束缚，他真是难以忍受。

这一天，上司把柴可夫斯基叫进办公室。柴可夫斯基很文静地站在上司面前，但却感到全身很不自在。

"柴可夫斯基，你把这份文件拿去仔细看看，然后写一份摘要给我。"留着大胡子的上司把一沓厚厚的公文递给柴可夫斯基。

"好吧。"柴可夫斯基拿起那份长达三十几页的文件，感到就好像拿起了一块臭烘烘的腐肉。

回到自己的办公室，柴可夫斯基强耐着性子，硬着头皮看起文件来。

"讨厌，真是讨厌，全是些空话、套话、废话，啰里啰嗦，起码得删去一多半。"柴可夫斯基越看越觉得厌恶。

读过二十几页之后，他感到真是受不了啦，"垃圾，全是些垃圾！"

他有一个习惯，在写乐谱的时候，把写废了的纸张扔进嘴里，咀嚼一阵以后吞进肚子里。现在，他脑子里下意识地觉得眼前这些文件就是废纸，于是他撕下一页，咀嚼几下吞进肚子里，又撕下一页吞进肚子里……

"柴可夫斯基，你在干什么？"

当同室的一位同事叫住他时，已经有四页文件吞进了肚子里。

"我，我……"柴可夫斯基这时才发现把文件吞进了肚子里，不由得有些惊慌。

"你怎么能把文件吞进肚里？你这是故意毁坏公文啊！"同事指着桌上缺损的文件说。

"我，我不是故意的，不是故意……"

"那你去向上司解释吧，他可是正等着用这份文件呢。"

"柴可夫斯基，你为什么要毁坏文件？你是对文件不满意呀，还是对我不满意？"上司满面怒容，两眼紧盯着柴可夫斯基。

"我不是故意的。"

"那是为什么？"

柴可夫斯基低头不吭声。

"听说你不愿意阅读公文，经常偷偷地看乐谱。"

柴可夫斯基仍不吭声。

"我看呀，你不是当公务员的料。你应该到乐团，或是到歌剧院去上班。"

"是的，我讨厌在这里上班！我只喜欢音乐，音乐！"不过，这些话柴可夫斯基没有说出口，而是在心里说的。

"你要是真的不愿意在司法部工作，就辞职吧，不要在这里耽误了工作，也影响别人！"上司翘着大胡子，脸拉得长长地说。

"是的，我是有辞职的念头，到时候你不赶我也会走的。这个鬼地方我早就呆不下去了！"这些话柴可夫斯基也没有说出口，只是在肚子里默默念叨着。

在司法部只工作了一年多，柴可夫斯基就辞职了。走出司法部阴森的大楼，他长长地舒了一口气。

出版第一首乐曲

在司法部里工作不顺心，柴可夫斯基就用学习和欣赏音乐来排遣心中的苦闷。每天下班后，他就练习弹琴、作曲，或是出去欣赏音乐、歌剧。随着作曲技艺的日益提高，他产生了一个愿望：创作一首能达到出版水平的乐曲。

作一首什么样的乐曲呢？柴可夫斯基的脑海里又晃动着母亲的身影。母亲生前最喜欢弹奏浪漫曲，也喜欢歌唱浪漫歌曲。夜里，躺在床上，母亲奏过、唱过的浪漫曲一一在耳边响起，似乎在提醒着他，鼓励着他。就作一首钢琴浪漫曲吧，题目叫《夜半》。

在母亲天堂之灵的鼓励下，柴可夫斯基很顺利地作出了这首钢琴浪漫曲。自己用钢琴弹奏一遍，感觉很不错。大凡作者创作后，总想有向公众展示的机会。乐曲创作的展示途径有两个，一是由乐队公演，二是由出版商出版。对由乐队公演，柴可夫斯基不敢想，哪个乐队会排练、演出一个小青年的初试之作呢？但是，就把这《夜半》的曲谱锁在抽屉里又不甘心。那么，只好到出版商那里试一试了。如果能够由出版商出版，印刷成书在书店里销售，那也是很不错的。可出版商对这首《夜半》浪漫曲会怎么看呢？

柴可夫斯基带着《夜半》曲谱，忐忑不安地走进一家出版商的办公室。他事先打听了，这位出版商很喜欢音乐，除了出版文学作品外，有时还出版一些曲谱。

出版商是一个戴着眼镜的中年男子，他穿着很讲究的西服、雪白的衬衫，很有绅士风度。

"先生，我作了一首浪漫曲，想请您看一下，希望能够出版。"柴可夫斯基声音怯怯的。

"噢？浪漫曲？你作的？"出版商透过眼镜有些惊奇地看着柴可夫斯基。

"是的，是我作的，先生。"

"你在乐队工作？"

"不，不是。"

"那你是学习音乐的学生？"

"不，不是，我是一名公务员。"

"那么，以前你发表过乐曲吗？"

"没有，这是我第一首拿出来发表的乐曲。"

"你是在哪里学习作曲的？"

"小时候家庭教师教过我一些作曲的常识，后来我主要是自学。"

"噢？是这样。那么，你认为你的这首乐曲达到发表水平了？"

"自我感觉还行。我可以弹奏给您听一听。您这里有钢琴吗？"

"有，在客厅里。好吧，你就弹给我听一听。"

出版商将柴可夫斯基领进客厅。

坐到钢琴边，柴可夫斯基马上镇静下来，信心似乎也增加了，因为他的钢琴弹奏水平是受到很多人称赞的。他熟练而富有情感地弹奏起来……

一曲奏罢，出版商鼓起掌来：

"不错，你这首曲子很不错，我同意出版。"

"先生，您真的同意出版？"柴可夫斯基高兴地站了起来。

"是的。你的乐曲很有味道，我愿意给你出版。"

柴可夫斯基鞠了一躬，"谢谢您，先生。十分感谢！"

"年轻人，我出版过一些乐曲，自认为还是有一些音乐鉴赏力的。从你的乐曲中，我感受到了你的音乐天赋。好好努力，也许，你会成为一个作曲家的。"

柴可夫斯基又鞠了一躬，"谢谢您，先生，谢谢您的鼓励。"

假日，柴可夫斯基回到父亲身边，拿出新出版的《夜半》乐谱给父亲看。

手持儿子出版的钢琴浪漫曲《夜半》，老柴可夫斯基高兴万分。他一边翻看着，一边不由自主地叨咕着："好，好。"

"爸爸，我把曲子弹奏给您听吧。"柴可夫斯基说。

"好，好。"父亲点头。

柴可夫斯基又尽情地弹奏起来。

听完儿子的演奏，父亲眼中放出光芒，"好，很好。孩子，你作的这首乐曲真是不错！你妈妈说你有作曲的天赋，她没有说错。她要是活着，也会为你这首乐曲鼓掌叫好的。"

"谢谢爸爸，谢谢您的鼓励。"得到很懂音乐的父亲的夸奖，柴可夫斯基更增强了自信。

"孩子，看来你到司法部工作以后，仍然没有放松对音乐的学习与练习。"父亲望着儿子说。

"是的，爸爸。在下班后，我一直学习作曲，也练习作曲。"

"那你对今后怎么打算呢？是把音乐当做一项业余爱好，还是……"

"爸爸，我这次回来就想同您商量这件事。我对当公务员完全没有兴趣，甚至很厌恶，我想今后全身心地投入到音乐方面来。"

"你是想辞去在司法部的工作去搞音乐？"

"是的，我想这样做。"

父亲沉吟片刻后，说："我送你进法律学校学习，是想让你进入政府部门，这样收入比较稳定，能有提升的机会，社会地位也会比较高。可你一心要搞音乐，又确实显露了这方面的天赋，爸爸尊重你自己的愿望。你已经长大成人了，可以自己选择喜爱的生活道路。"

"谢谢爸爸。"父亲花大价钱送自己进彼得堡法律学校学法律，可自己在毕业后却想改行，本来觉得有些对不起父亲，担心父亲不高兴，但现在听父亲这样说，柴可夫斯基心里安定了。

"孩子，可是你要想好了，现今以音乐为职业，生活是很艰难的，收入很不稳定，报酬也很低。"父亲又说。

"这些情况我知道，我会想办法克服困难。做我自己愿意做的事，再苦再累心里也是高兴的。"确实，柴可夫斯基近一时期仔细考虑了这件事，他知道父亲现在已退休，弟、妹上学也要花很多钱，家里是不能再拿出多余的钱给自己了。他决心自己创造条件，克服困难，走上职业音乐人的道路。

"好，孩子，你就勇敢地去走自己选择的路吧，爸爸祝你取得新的成功。"

"爸爸……"柴可夫斯基高兴地握住爸爸的手。

父亲拍拍儿子的手，"孩子，再给爸爸弹一次你新出版的乐曲吧，就当做你即将走上新的征程的进行曲。"

柴可夫斯基再次坐到钢琴前弹奏起来，这次他弹得更加自如，更加生动。流畅的琴声中，洋溢着他对未来音乐事业的向往和憧憬……

令院长吃惊的纪录

1862 年，柴可夫斯基进入彼得堡音乐学院学习。接着，他如愿辞去了司法部的工作。

没有了工作，也就没有了工资，为了生活，柴可夫斯基寻找各种既能够保证学习，又能挣到生活费的机会。他在音乐学院里找到两个机会，一个是想法得到奖学金，另一个是争取当上教授的助手。而要抓住这两个机会，就要取得好的学习成绩，让教授感受到自己的才华和勤奋。他开始向目标努力。

首先他展示了弹奏钢琴的才华，钢琴教授同意他免修钢琴课。学院准备成立乐队，缺少长笛手，他马上学习长笛，而且很快成为学院最优秀的长笛手。他还认真、准时、高质量地完成各种作业，使老师对他刮目相看。学院院长安东·鲁宾斯坦是个极严厉的教授，他留的作业很难，不少学生都难以完成，但柴可夫斯基总能很好地完成。

这一天，鲁宾斯坦在作曲课上又留下一道很特殊的作业——为一个指定的主题写对位性变奏曲调。他用锐利的目光盯着学生们说：

"给你们三天时间，看谁能写得既好又多。不过，我估计，一般的学生能写出五条就不错了。"

一个学生问："那柴可夫斯基呢，他可是高才生。"

鲁宾斯坦看看柴可夫斯基，"他能写出十条也就顶天了。好，你们努力吧。"

下课后，同学们便开始写作业，大家都想打破纪录，给威严的院长一个惊喜。

"柴可夫斯基，开饭时间到了，走，吃饭去。"同学招呼柴可夫斯基。

"我不饿，你们先去吧。"柴可夫斯基对同学说。

"怎么，你连饭都不吃了？不能为了写作业连命都不要呀！"

"我现在真的不饿。"

　　"可开饭时间只有 30 分钟。"

　　"一会儿饿了，我这里有面包。"柴可夫斯基拍拍背包。他心里想，我这样做既可以节省时间，又可以节省金钱，这月的生活费太紧了。

　　第一天从上午到晚上，柴可夫斯基写出了 35 条。夜深了，同学们都累得睡着了，柴可夫斯基仍然趴在桌子上写。"我一定要尽力写，看看到底能写出多少条来。"

　　太困了，两只眼皮不自觉地落了下来。柴可夫斯基走进卫生间，用冷水洗头。冷水一激，睡魔被赶跑了，他又回到书桌前。

　　啊，室内怎么出现了红光？柴可夫斯基向窗外一看，啊，是太阳出来了！初升的太阳红红的，像一枚红珍珠。它用红色的光芒唤醒沉睡的大地。一个夜晚已经度过去了。柴可夫斯基低下头计算，很好，这一夜又写出了 41 条。太困了，他往桌子上一趴就睡着了。

　　上课铃声响了，柴可夫斯基惊醒过来，他用湿手巾擦把脸，坐直身子上课。

　　上完了课柴可夫斯基又伏在桌子上写，我要尽全力写，拼命地写，看看能创造一个什么样的纪录。

　　到第三天早晨，柴可夫斯基总共写出了 136 条。

　　"柴可夫斯基，你已经比我们多写出十几倍了，行了，休息吧，别累坏了。"最要好的同学对他说。

　　"我还能写，再写一些。如果我能创造出令院长吃惊的纪录，院长就可能聘任我做他的助手，这样我的生活费就解决了。"

"那你就写吧。我去给你买份饭菜来，买些好吃的，给你加加油。"

"谢谢你。"

写到下午，柴可夫斯基累极了，也困极了，他感到要挺不住了，正在这时，来了一针"强心剂"。

"柴可夫斯基，你的信。"同学给他拿来一封信。

柴可夫斯基打开信，是妹妹写来的。她虽然也在学习，可节衣缩食，又想办法打工，这样给他寄来一些钱。妹妹还在信中说，她从小就觉得哥哥是搞音乐的人才，她坚信哥哥一定会成为一个优秀的作曲家。

妹妹的关心和鼓励使柴可夫斯基心里流过一阵热流，精神也顿时振作起来。"我要继续写，一定不让妹妹失望，要让她以有我这样的哥哥而骄傲。"于是他又拿起笔来继续写……

柴可夫斯基整整写了三天三夜，只在特别困乏时趴在桌面上眯一会儿。到第四天交作业时，他交上了 223 条对位牲变奏曲调。

鲁宾斯坦把柴可夫斯基叫进自己的办公室。

"柴可夫斯基，你真的让我吃了一惊，我教过很多学生，可从没有人在三天时间里写出这么多对位性变奏曲调的。你很有天赋，也特别的勤奋，我可以断言，你会成为一个很好的作曲家的。"

"谢谢院长的鼓励。"

"好好睡一觉吧，你眼圈都黑了，脸也黄黄的。"

"好的。"柴可夫斯基疲倦地笑了笑。

柴可夫斯基以自己的才能和努力赢得了全院老师、学生的尊敬。他成为学院乐团的主力，也当上了院长鲁宾斯坦教授的助手。这样他的学费和生活费都解决了，而且得到鲁宾斯坦特别的指教，进步的速度更加快了。

走进"大雷雨"

距离毕业的时间越来越近了。经过三年多的专业学习，柴可夫斯基在作曲方面取得了长足的进步。

四年前，他出版了第一部乐曲《夜半》，这使他和父亲都很高兴，也促成了他辞去司法部的工作。而最近，他写出了《性格舞曲》，并由奥地利著名作曲家约翰·施特劳斯指挥交响乐团演奏。这是他的作品第一次公开在社会上演出。

演出那一天，他坐在音乐厅里，心情真是激动啊。"我的乐曲公演了，我的乐曲终于化成乐队奏出的美妙声音了！"演出结束时，音乐厅里响起一片掌声。"啊，听众认可了我的作品，他们喜欢我的作品，我获得了成功！"柴可夫斯基心里充满了喜悦和幸福。"父亲和弟妹们知道了这件事，还不知怎样高兴呢！"

在最近一年时间里，柴可夫斯基还创作了《F调序曲》、《C小调序曲》、《降B大调弦乐四重奏》、《圆形剧场中的罗马人》等乐曲。在学生时期就写出这么多音乐作品，这是很少见的，他已经初步迈进了作曲家的殿堂。

柴可夫斯基在音乐学院时期最满意的作品是管弦乐序曲《大雷雨》。

那是他在大学三年级的时候，与几个要好的同学去观看了话剧《大雷雨》，这是俄国著名剧作家奥斯特洛夫斯基创作的悲剧。此剧通过表现妇女所受的压迫和她们的反抗，反映了当前俄国动荡的现实。俄国封建统治阶级对人民群众的压迫越来越严重，生存艰难的劳苦大众反抗情绪逐渐增长。

柴可夫斯基在家时接触了一些渔夫、船夫等劳苦群众，看到了他们缺衣少食的生活。在司法部里他又看到了不少穷苦百姓受不了欺压、愤起反抗的案例。而他的妹夫是"十二月"革命党人，受到当局的迫害。这一切都使柴可夫斯基感受到了俄国日益紧张的现实，就好像处于大雷雨即将来临的前夜。他虽然不是穷苦人，也不是革命党，但他同情劳苦民众，希望消除严酷的压迫，向往自由与光明。在观看话剧《大雷雨》时，剧中的情节引起了他的共鸣，他为剧中被压迫的女主角留下了眼泪。

回到宿舍，他难以入睡，胸中仍然波澜起伏，悲壮的曲调在内心升起。"写一首乐曲，为《大雷雨》配一首乐曲。"他产生了一个强烈的愿望。

这首乐曲的主题就是戏剧的主题——饱受压迫的悲苦，为争取自由幸福的斗争，光明和黑暗的较量，人与命运的冲突。乐曲一定要有强烈的冲击力，要有强烈的感染力。

主题和主导基调确定了之后，柴可夫斯基又开始思考一些作曲的具体问题。"这首乐曲既然要有冲击力，就要打破陈规陋

俗，要有强烈的个性。嗯，配器也要创新，要大胆使用具有较强音响效果的乐器。嗯，要使用'英国管'，还要使用低音号，还有竖琴……"

在创作这支乐曲的期间，柴可夫斯基特别盼望下雨，下大雨，大雷雨。一到下雨的时候，他就跑到树林中的小亭子中去感受风雨。狂野的风掀起了他的衣襟，冰冷的雨水击打着他的脸庞，这时候他心中涌起了强烈的情绪，乐曲的音符如雨点一般飞升。在雷雨中创作的乐章，是整个乐曲最有冲击力的部分。

经过几个月的努力创作，管弦乐序曲《大雷雨》完成了。柴可夫斯基把曲谱给几个要好的同学看，他们都认为不错，说很有个性，很有激情，也很有创意。

柴可夫斯基又把曲谱拿给院长鲁宾斯坦看，鲁宾斯坦以他惯有的严谨态度仔细阅读了曲谱。但柴可夫斯基没有想到，一向对他表扬、赞赏的教授这次却对曲谱很不满意。

"你这首乐曲情绪起伏太大，显得不稳定。典雅、谐和的音乐才是优秀音乐。"

鲁宾斯坦抽着烟斗，想了一会儿，又说：

"你这首乐曲的配器也有毛病，很古怪，完全不符合常规，比如'英国管'的运用……"

柴可夫斯基耐心地听完院长的一连串批评，他心里想："一些人说院长是保守派，墨守成规，不愿意接受新的事物，这些说法有一定道理。"但他没有当面同老师争辩，因为他尊敬、热爱他的老师，不想伤害他的自尊心。

但是，要不要按照鲁宾斯坦院长的意见对作品进行大修改呢？柴可夫斯基心里犹豫着。按院长的意见修改，作品就面目全非了，它的特点和个性也会被删改掉的。不按院长的意见改，他可是院长，又是俄国音乐界的名人、权威……

柴可夫斯基经过反复思考，没有对管弦乐序曲《大雷雨》做大的改动，他认为自己的想法是正确的。为了检验这首乐曲的实际效果，他组织学生乐队排练了这首乐曲，并在学生音乐会上演出。

演出的那一天，柴可夫斯基紧张地坐在座位上，注意着同学们的反应。

嗯，还好，同学们听得很专心，很投入，这说明乐曲是有吸引力的。

在"英国管"演奏时，同学们并没有感到反感，而是流露出很新鲜、很感兴趣的表情。

嗯，看来自己创新的配器方法效果不错，年轻的同学们很喜欢。

演出结束时，全场学生起立，报以热烈的掌声。一些同学走到柴可夫斯基身边说：

"柴可夫斯基，好样的！曲子做得不错！"

"彼得，你给我们学生争了光，是我们的骄傲！"

"加油，彼得，你会成为优秀作曲家的。"

广大同学对这首乐曲的欢迎使柴可夫斯基既高兴又感动。他想："什么是作曲者的幸福？乐曲受到听众欢迎是最大的幸福。"他又想："看来学生和老师之间存在着代沟，学生也应坚持自己正确的观点。"

但柴可夫斯基没有想到，这首乐曲若干年后会在世界各地演出，成为音乐家和音乐爱好者非常喜爱的曲目。

最好的毕业礼物

毕业的时间临近了，柴可夫斯基分外地忙碌，也分外地兴奋，他收到了几份有魅力的礼物，也奉献出一份有分量的礼物。

柴可夫斯基以其卓越的才华获得了学院授予的银质奖章和自由艺术家的称号。这对任何一个音乐学院的学生来说，都是极具魅力、极其渴望得到的礼物，当然，能得到它的只是极少数的学生。

柴可夫斯基不只收获礼物，也奉献礼物，他为学院的毕业典礼写了一部音乐作品——以席勒的诗歌《欢乐颂》为主题，谱写了大合唱曲和四重奏伴奏曲。

毕业典礼上，学院院长安东·鲁宾斯坦走上舞台，他身穿崭新的黑色燕尾服、雪白的绸衬衫，扎着黑绸领结，风度翩翩。全场学生都把目光投向院长，注视着他的举动。

安东·鲁宾斯坦庄重地宣布：

"下面，进行毕业典礼的最后一个项目，我们全体师生演出柴可夫斯基创作的大合唱《欢乐颂》！"

台上台下的全体师生都站立起来，挺直身体。

安东·鲁宾斯坦把手一挥，师生随着乐队的伴奏齐声欢唱。

学生们欢乐地歌唱。经过数年辛苦的学习，他们就要毕业，走向社会，贡献自己的知识和本领了。

老师们欢乐地歌唱。他们辛勤培育的花朵，就要开放，散发出芬芳，展示出英姿。

柴可夫斯基的心情同其他同学一样欢乐，但这首大合唱的曲谱是他创作的，现在全校师生纵声歌唱自己的作品，使他更加兴奋、愉快。

欢乐的大合唱结束了，师生们仍然沉浸在欢乐的气氛中，这个盛况空前的毕业典礼给同学们留下了深刻的印象，他们将把这难忘的时刻保留在心底，记忆终生。

毕业典礼结束后，柴可夫斯基来到经常散步的小树林。寂静的环境使他很快冷静下来，一股淡淡的忧愁又涌上心头。毕业后到哪里去工作呢？当时俄国专业的音乐团体很少，刚毕业的学生进入其中很困难。但柴可夫斯基又不愿离开音乐事业，如果找不到合适的工作，靠什么生活呢？

柴可夫斯基正在犯愁时，一位同学来找他，说院长安东·鲁宾斯坦让他去院长办公室。

柴可夫斯基走进院长办公室。

院长用和蔼的目光望着他。

"柴可夫斯基，你毕业后想从事什么工作？"

"院长，您应该了解，我最热爱的事业是音乐，我希望能把自己的一生都献给音乐事业。"

院长点点头:"我很欣赏你这种态度。如果我的学生都不愿意从事音乐事业,那么我们的音乐学院就办得不成功,我这个学院院长也当得不成功。"他停了停,微笑着看着柴可夫斯基又说:"我的弟弟,莫斯科音乐学院的院长尼古拉·鲁宾斯坦让我推荐优秀的毕业生去他们学院任教,我推荐了你,你愿意去吗?"

柴可夫斯基眼中流露出惊喜的目光:"我愿意去,我非常希望在音乐界工作,这份工作正合我的心愿。谢谢院长的推荐,谢谢院长送给我这份最后的毕业礼物。"说罢他向院长鞠了一躬。

"那你办完毕业手续,就到莫斯科音乐学院去报到吧,我的弟弟会很好地接待你的。希望你到了那以后,还能继续努力,像你在这里一样成绩优异。我衷心地祝愿你今后能成为一个优秀的作曲家。"安东·鲁宾斯坦用期待的目光望着自己的得意弟子。

"我一定继续努力,不辜负院长对我的培养和期望。"柴可夫斯基的眼中闪烁着坚定的光芒。

走出院长办公室,在走廊上,柴可夫斯基不禁回望院长办公室的门牌,他的内心充满感动。最可尊敬的院长安东·鲁宾斯坦啊,您真是一位好老师、好院长。您不但教给我音乐知识,还教给我做人的道理,在生活中也给了我很多关怀、照顾。现在,我就要毕业了,您又送给我一份最好的毕业礼物,使我今后的生活和工作有了落脚点,而且是我最喜欢、最渴望得到的工作。院长啊,真的要好好感谢您。我今后一定刻苦努力,用优秀的音乐作品来报答您。我要在作品的扉页写上:献给尊敬的师长——安东·鲁宾斯坦。

　　柴可夫斯基来到了莫斯科音乐学院，院长尼古拉·鲁宾斯坦非常热情地接待了他。考虑到柴可夫斯基刚参加工作，收入不高，尼古拉·鲁宾斯坦让柴可夫斯基住进了自己的家，专门给他安排了一个房间。为了让柴可夫斯基体面地走上讲台，尼古拉·鲁宾斯坦又给他买了几件衬衫，还为他订做了礼服大衣。

　　柴可夫斯基在新的环境里开始了新的奋斗。

第一交响曲
《冬日的幻想》

柴可夫斯基在莫斯科的工作、生活压力是很沉重的。

他每周要上 26 小时的课。也就是每天差不多要上 5 个小时的课，还要用一定时间备课，为学生批改作业，这个工作量是很不小的。

由于音乐界的工资很低，为了生活，柴可夫斯基还在社会上开办了一个音乐培训班，每周开课两次，收取一些学费以补贴生活费用。

除了繁重的教学工作，柴可夫斯基还要挤出时间从事自己最心爱的作曲。这只能在夜间进行了，他在尼古拉·鲁宾斯坦家中的小房间内经常工作到深夜。

在莫斯科音乐学院工作两年之后，柴可夫斯基开始创作他的第一部交响曲《冬日的幻想》。柴可夫斯基一生创作的六部交响曲中，《冬日的幻想》被称做第一交响曲。

　　柴可夫斯基非常喜欢俄罗斯的自然风光，特别对俄罗斯的冬季印象深刻。在他的记忆中，俄罗斯冬季的景色是极其迷人的——白雪皑皑的平原和森林，延伸到遥远的地平线。视野中的一切都是那样素洁、神圣。一阵朔风吹过，刮起银白色的雪雾，使人产生进入仙境的幻觉。白色的原野上，一个小黑点在远方快速移动，那是一辆雪橇在奔驰，它从哪里来？向哪里去？这是一个谜，引起人们无尽的幻想……

　　寂静的冬夜里，柴可夫斯基开始创作《冬日的幻想》。

　　乐曲共分四个乐章。第一乐章《冬日旅途的梦想》。在这一乐章，柴可夫斯基展示了他对俄罗斯冬日的回忆与幻想。这是对美丽景物的描绘，也显现了他对俄罗斯冬季风光的热爱。伟大的俄罗斯，生长在这块辽阔土地上勤劳、善良的人民，永远是柴可夫斯基心中的挚爱，也是他音乐作品永恒的主题。

　　第二乐章《忧郁的远方，朦胧的远方》。这一乐章里，柴可夫斯基展示了他的内心世界。漫步在寒冷的冬季原野中，他有时会产生一种难以说明的孤独，升起一种淡淡的忧愁。这种感觉可能产生自对动荡现实的不安，也可能产生自对贫苦群众的同情，还可能产生自他对艰苦奋斗的感受。

　　第三乐章和第四乐章都没有标题。第三乐章的旋律由忧郁转为轻盈和浪漫，使人感到在冬季旅途中回想到家庭的温暖与欢乐。第四乐章运用了一首当时流行的城市歌曲——《花儿开了》的旋律，表明作者的视角从原野进入了城市，展示莫斯科市内的冬景，特别是展现了莫斯科冬季节日的欢庆场面。

　　在整个乐曲中，贯穿着俄罗斯民歌和民间舞曲的旋律，表现了鲜明的俄罗斯民族特色。

由于白天要教课，柴可夫斯基作曲都是在夜间进行，而创作总是使他情绪冲动，因而在放下笔后躺在床上也不能入睡，时间长了就患上了神经衰弱，经常头痛、头晕。为了摆脱疲劳和头痛，有时他就到街上去散步。冬夜里的莫斯科寒冷而又寂静，空气格外清新。白雪在月光的映射下闪着银光。皮鞋踏在积雪上面，发出"吱吱"的响声，在静夜中显得格外清晰。在这夜景中散步，头脑很快就放松了，而且能引起很多幻想，促使美妙音符的产生。

柴可夫斯基就是在这种艰苦的情况下坚持写完了《冬日的幻想》。乐曲完成后他的神经才完全松弛下来，好好睡了一觉。

在乐曲的扉页，柴可夫斯基用端正的笔迹写下了这样一行字：献给尊敬的尼古拉·鲁宾斯坦。这位对柴可夫斯基有着兄长般关怀的先生，在《冬日的幻想》创作期间，给了柴可夫斯基不少的鼓励和帮助。

"彼得，来，喝杯咖啡。"当柴可夫斯基创作疲劳的时候，鲁宾斯坦叫着他的爱称走进他的房间，送咖啡给他提神。

"彼得，来，把这药水服下去。"当柴可夫斯基头痛躺在床上时，鲁宾斯坦又把药和开水送到他的床前。

鲁宾斯坦还对创作中的一些问题，经常同柴可夫斯基进行研究和探讨。

尼古拉·鲁宾斯坦很喜欢柴可夫斯基献给他的这部乐曲，他亲自指挥乐团公演了《冬日的幻想》。演出受到了热烈欢迎，听众们特别喜欢慢板的第二乐章。他们在演出结束后长时间起立，

热烈鼓掌。

　　这首乐曲很快在俄国各地演出，它使俄罗斯人民加深了对祖国冬日的印象。这部交响乐曲成为俄国乐团的保留曲目。

遭受挫折

　　前进的道路从来都不是平坦的，对于年轻的作曲家柴可夫斯基来说，也是如此。在取得一些成功之后，他遭受了一连串的挫折。

　　1868 年年初，柴可夫斯基创作了第一部歌剧《市长》，这是根据奥斯特洛夫斯基的剧作《伏尔加河之梦》写成的，歌剧演出后受到一些批评。在仔细研究了这些批评之后，柴可夫斯基认真回顾了这部歌剧，也觉得这部歌剧确实有很多毛病。一向对自己作品要求严格的柴可夫斯基于是毁掉了这部歌剧总谱的大部分。

　　1868 年 9－10 月，柴可夫斯基创作交响幻想曲《命运》，并把它献给了音乐界的朋友巴拉基列夫。这部乐曲公演了，但听众反应并不热烈，连巴拉基列夫本人也对作品提出了批评。

　　1869 年年初，柴可夫斯基又写了第二部歌剧《妖女》，总谱完成后他送到玛利亚剧院，但剧院的管理委员会否决了这部歌剧，这部歌剧没能在舞台演出。

1870年，柴可夫斯基创作了《罗密欧与朱丽叶幻想序曲》，但最初的演出并不成功。接着他又创作了歌剧《曼陀罗花》，再次遭到失败，观众反映冷淡，报刊上的评论也多是批评、指责。

在接二连三的失败面前，年轻的柴可夫斯基有些灰心丧气了。他沉默寡言，夜间也不再作曲。

"也许我不是成为一个优秀作曲家的材料？也许，我选错了努力的方向？"他在出去漫步时苦闷地想着这些问题。

尼古拉·鲁宾斯坦发现了柴可夫斯基的情绪波动，他又向这位年轻的朋友伸出了友谊之手。

一天，尼古拉把柴可夫斯基叫到他的书房。他指着一个木箱说："彼得，你看看这里的东西。"

柴可夫斯基迷惑地打开木箱，只见里面都是写过的曲谱。

"这些曲谱是……"柴可夫斯基用疑问的目光望着尼古拉。

"这些曲谱都是我写废了的，大部分是我初出茅庐时的作品。我给你看这些，是想告诉你，我也经历过很多失败，我也遭受过许多挫折。在遭受过连续打击后，我也泄气过。你坐下听我慢慢向你讲。"

两个人坐在沙发上，尼古拉又唠起来。

"有一个时期我因为失败而灰心丧气。一天，我到河边漫步，遇到一个渔夫，便坐在他身边观看他钓鱼。那天也许是天气不好，也许是他运气不好，从早晨到中午他没有钓到一条鱼。我忍耐不住了，劝他回家去。他摇摇头，拿出一块黑面包和我分着吃了，然后继续守着钓杆。下午下起了雨。我又劝他回家，可他还是摇头，披着块雨布继续钓。我也钻到雨布下，想看看他究竟

会有什么结果。

"风雨越来越大，气温越来越低，我冻得浑身起鸡皮疙瘩，真是有些受不了了。可渔夫拿出个酒壶，喝下几口酒后，又把酒壶递给我。他用眼神告诉我，要坚持，要能顶住。他又用粗大的手握住我冰冷的手。我还真就镇定下来了，安静地坐在他的身边。

"天色渐渐暗了下来，风雨也停了下来。也许是被渔夫的顽强精神感动了，或是被他坚强的意志屈服了，鱼儿终于上钩了。他钓到了一条大鲑鱼。之后他把我请到他家里吃了这条鱼，真香啊！这是在风雨、寒冷、饥饿中顽强坚持的成果。从那之后，我遇到困难就想起那个渔夫，就鼓起了勇气。成功往往是在勇敢、顽强地坚持之后取得的。"

柴可夫斯基静静听着，想着……

尼古拉喝了几口茶水又说："你知道，现在搞音乐收入不高，经济效益不好，创办这所莫斯科音乐学院真是困难啊。可我坚持下来了，现在学院不也逐渐发展壮大了吗。"

柴可夫斯基真诚地对院长说："院长先生，谢谢你今天对我谈的这些话，我会好好思索今后的人生之路的。"

柴可夫斯基振作起来，夜间，他的小房间内又亮起灯光，他又伏在小书桌上辛勤地创作。一个个音符写在五线谱上。经过一段时间的努力，他的创作又不断取得新的成果。

尼古拉·鲁宾斯坦不但在精神上鼓励柴可夫斯基战胜挫折，还在创作中给他以有力的帮助。1871 年，为了向社会介绍柴可夫斯基的音乐作品，尼古拉决定帮助他在莫斯科举办一次个人音

乐会。但当时柴可夫斯基名气还不够大，单以他自己的名义可能不会吸引很多的听众，更难邀请到有社会名望的听众。于是尼古拉出面说服著名女歌唱家拉伏罗芙斯卡娅，以及俄罗斯音乐协会四重奏乐团联合参加演出。尼古拉还邀请著名作家屠格涅夫参加音乐会。这些举动果然吸引了很多观众，音乐会取得很大成功。1873 年，尼古拉又在莫斯科组织演出了柴可夫斯基的《第二交响曲》，并亲自担任乐团指挥，演出同样取得成功。这些成功大大提高了柴可夫斯基的声望，也大大增强了他的自信心。

难忘的初恋

柴可夫斯基一直忙于音乐教学与创作，又不善于交际，所以一直没有谈恋爱。转眼间他已经年近三十岁了，他的弟弟、妹妹都已经结婚，家人都为他的婚事着急。就在这时，他经历了第一次爱情。

1868 年秋季，一个意大利歌剧团到莫斯科演出罗西尼的歌剧《奥塞罗》，受到观众的热烈欢迎，报刊也纷纷发表文章，介绍和称赞演出。人们最关注的是歌剧的女主角——女高音歌唱家黛西莉·阿尔托，她的歌唱和表演都非常迷人。

热爱音乐的柴可夫斯基也去观看歌剧《奥塞罗》。

大幕拉开，阿尔托走上舞台。她身材修长，扮相也很好，观

众立刻报以热烈的掌声。当她开口歌唱时，观众的反映更加
热烈。

柴可夫斯基双目盯着舞台，他也被阿尔托的演唱吸引住了。
她的嗓音浑厚圆润，演唱内含着丰富的感情，紧紧牵动听众的
心。柴可夫斯基双眼紧紧地盯在舞台上，盯着阿尔托的一举一
动，他被阿尔托的出色表演完全迷住了。柴可夫斯基看过不少歌
剧，但他认为阿尔托是最优秀的女歌唱演员。

演出结束了，全场起立，为阿尔托长时间热烈地鼓掌。柴可
夫斯基也用力鼓掌，把手掌都拍红了。

回到住处，柴可夫斯基便给弟弟莫杰斯特写信，谈他观看这
场演出的感受，其中特别称赞了阿尔托：

"你知道阿尔托是怎样一位歌唱家和演员啊！我还从来没有
像现在这样被一位演员如此强烈地吸引。你不能听到、看到她的
演出，真是遗憾。如果你能亲临现场，一定会赞美她迷人的歌喉
和优美的身姿。"

这时柴可夫斯基过去的老师，彼得堡音乐学院院长安东·鲁
宾斯坦也赶到莫斯科观看阿尔托的演出，并在一次音乐界联欢晚
会上，把柴可夫斯基介绍给阿尔托。

"这位是柴可夫斯基先生，一位年轻的作曲家。"安东·鲁宾
斯坦向阿尔托介绍。

"您好。"柴可夫斯基向阿尔托微鞠一躬，脸也微微有些
红了。

"他可是您的崇拜者啊。"安东·鲁宾斯坦又指着柴可夫斯基
笑着对阿尔托说。

"噢，是吗?"阿尔托微笑地望着柴可夫斯基。

柴可夫斯基脸更红了，不知道说什么好。

虽然生性腼腆的柴可夫斯基不善应酬，没有说多少话，但阿尔托却对他印象很好，她邀请他去自己的住处做客。

柴可夫斯基去拜访了阿尔托一次，但他就不好意思再去了。阿尔托却很热情，接连邀请他再去做客。经过多次的交往，二人产生了亲密的感情。

柴可夫斯基陷入到热恋中，他暂停了一部正在创作中的音乐作品，以最快的速度写出钢琴浪漫曲《F小调浪漫曲》，献给阿尔托，并亲自演奏给她听。

阿尔托用心倾听着，她从乐曲中感受到了柴可夫斯基火热的心和浪漫的爱情。她感动得热泪盈眶，在心里默念着柴可夫斯基的昵称：彼得、彼得、我亲爱的彼得……

异国恋情发展得很快，二人准备几个月后就结婚。可是，好事多磨，他们的结婚计划遇到了阻力。柴可夫斯基在给父亲的信中谈到这种阻力：

爸爸，我与阿尔托准备夏季结婚，但现在却出现了阻力。阿尔托的母亲反对这门婚事，她认为我对于她女儿来说，太年轻了(阿尔托比我大五岁)。而阿尔托是随母亲长大的，母亲的意见对她的影响力很大。其次，我的朋友，特别是鲁宾斯坦，也坚决反对我和阿尔托结婚。他们认为我当上阿尔托的丈夫以后，就会成为这位名歌唱家的附属品，将随她去世界各地演出，依靠她养活，这样就会放弃音乐创作，失去自我。我不知道自己应该怎么办，拿不定主意，希望爸爸帮我出出主意。

父亲回信说这是他们两个人感情上的事，主要还得两人商量解决的办法。

柴可夫斯基于是同阿尔托商量今后的生活道路。

"阿尔托，你以后可以留在莫斯科，同我一起过安定的生活吗？"柴可夫斯基试探地问阿尔托。

阿尔托想了一会儿说：

"这恐怕不行。我是个歌唱演员，我要在舞台演出，要到世界各地去演出。如果离开舞台，离开巡回演出，我的歌唱生涯也就终止了。可歌唱给我带来了荣誉，带来了欢乐，也带来了很高的收入，我怎么好把它停下来呢。我才三十出头，我今后的道路还很长啊。"

"可我如果同你过四处旅行的生活，也很难静下心来创作乐曲了，我的创作生涯才刚刚开始啊。作曲对于我来说，同你的歌唱一样重要。"

"这确实是个矛盾，有什么好办法解决呢？"阿尔托望着柴可夫斯基。

有什么好办法呢？柴可夫斯基也想不出好办法来。

两个人都想发展自己的事业，但又相互吸引，不愿放弃爱情，于是处在矛盾状态之中。

柴可夫斯基住在尼古拉·鲁宾斯坦家中，尼古拉对他的爱情情况了如指掌。他决定帮助柴可夫斯基摆脱矛盾的困境。他认为柴可夫斯基必将成为俄罗斯的杰出音乐家，俄罗斯不能缺少他。

于是尼古拉去拜访阿尔托，告诉她自己的想法，并劝她离开俄国，以便为俄国保留这个作曲家。

阿尔托内心虽然很矛盾，很痛苦，但她经过认真考虑后，还是听从了尼古拉的意见，决定离开俄国，去波兰演出。为了避免分别的痛苦，她只对柴可夫斯基说要去波兰演出，没有说她将断绝与他的爱情关系。

阿尔托去波兰后，很快与一位西班牙男中音歌唱家结了婚。

柴可夫斯基听到这个消息，内心很痛苦，有好几天他吃不下饭，睡不好觉。但冷静下来后，他知道为了各自的事业，两人也只好如此。于是他把痛苦埋在心中，全身心地投入到音乐事业中。

在以后的岁月中，柴可夫斯基与阿尔托继续在音乐事业中保持交往，互相观看对方的演出，相互交流对音乐的体会。他们没有成为夫妻，但却是好朋友，爱情没有成功，友谊长留心间。

如歌的行板

1871 年夏季，柴可夫斯基来到妹妹亚历山德拉家度假。这是位于卡缅卡森林中的一个山庄。

卡缅卡可是俄罗斯有名的地方，半个世纪前，杰出诗人普希金曾在这里居住，并写下《高加索的囚徒》等著名的诗篇。这里也是俄罗斯革命党"十二月党人"经常聚会的地方。他们在这里讨论国家大事，探讨祖国的前途和命运。

卡缅卡森林茂密，风光秀丽，空气清新而又非常宁静，非常适合艺术家创作。由于环境优美，这里的居民很喜欢歌唱，他们能唱出很多动听的民歌。几年前柴可夫斯基来这里度假，就根据一位妇女唱的民歌旋律，创作了一部《降B调弦乐四重奏》。现在，柴可夫斯基又在芳草地上散步，寻找新的创作灵感。一段时间以来，他酝酿着创作《第一弦乐四重奏》，但一直没有找到理想的旋律，为此他心中有些着急烦躁。

散步时他的脑海中划过一个又一个曲调，但他都觉得不适合，看看太阳已到中午了，于是他返回家中吃午饭。

妹妹为他准备了可口的午饭。吃完饭他回到自己房间继续思索，可还是找不到感觉。他闷闷地靠在床上，心想如果从天上能传下来一个灵感就好了。突然，他听到一首优美的曲调向他飘来，这曲调与他预想的《第一弦乐四重奏》是这样的吻合，这样的匹配。太好了！真是"踏破铁鞋无觅处，得来全不费功夫"。他激动地抬起头，那曲调就来自窗外。

柴可夫斯基手拿五线谱纸奔向室外，看到一个泥瓦匠正在干活，他一边劳动，一边唱着民歌，既忙碌又愉快。

柴可夫斯基不出声地站在泥瓦匠身后，倾听他的歌唱，用心记录着歌曲的旋律。

泥瓦匠偶一转身，发现柴可夫斯基站在他的身后，以为自己的歌唱打扰了室内的主人，不由得脸红了，结结巴巴地说：

"对不起，先生，我干活有个习惯——哼唱小曲，刚才一高

53

兴，就又唱了起来，打扰您了，真是抱歉。"

"不，不，您唱得好，非常好听，我是被你的歌声吸引出来的，您接着唱，我还要把这首民歌记录下来呢。"柴可夫斯基说罢摆摆手中的纸和笔。

"真的吗？"泥瓦匠感到有些意外。

"当然是真的，你看，我已经记下一些了。"柴可夫斯基把手中的谱纸给泥瓦匠看。

"好，既然先生愿意听，那我就接着唱。"泥瓦匠清了清喉咙，又高兴地放声唱起来。

柴可夫斯基手拿纸笔迅速记录着，很快把民歌的曲调完整地记录下来，"这首歌你是从哪学的？"他又问。

"是跟我父亲学的，我父亲跟我爷爷学的。这些民歌，就是这样一代代传下来的。"泥瓦匠笑着回答。

柴可夫斯基根据这首民歌的曲调进行加工创造，很快完成了《第一弦乐四重奏》的创作，其中第二乐章"如歌的行板"就是以这首民歌为主旋律。

这首取材于俄罗斯民歌的乐曲极好地表现了俄罗斯民族的风格和情感，因而极受俄国人民的欢迎。

俄国当时最著名的伟大作家托尔斯泰也很喜爱音乐，听说了《如歌的行板》的盛名，专门来拜访柴可夫斯基。柴可夫斯基也非常喜爱文学，自己有时也写诗歌，他特别崇拜文豪托尔斯泰。看到大文豪来到自己住处，他高兴极了。

"柴可夫斯基先生，我听人们说，您创作的乐曲《如歌的行板》非常悦耳，非常动人。我是一个音乐爱好者，很想欣赏一下您的这部杰作，以饱耳福。"

听到大文豪想听自己创作的乐曲，柴可夫斯基内心一阵激动，他有些结巴地回答：

"您想听我作的乐曲，这令我感到太荣幸了！我这就给您弹奏。"

柴可夫斯基坐到钢琴前精心地演奏起来。

托尔斯泰聚精会神地倾听着。听着，听着，他竟留下了感动的眼泪。泪水流过他饱经沧桑的脸，落到长长的胡子上。

柴可夫斯基弹奏完回头一看，只见托尔斯泰泪流满面，内心也受到震动。他小心翼翼地问：

"托尔斯泰先生，您对这首乐曲有什么看法？"

"动人，非常动人。您看，我都流泪了。"

"先生是在鼓励我。"柴可夫斯基谦虚地说。

"确实，这支曲子非常优秀，是我听到的最动人的乐曲之一。您的这首乐曲之所以这样动人，是因为它有浓厚的俄罗斯民族气息。我听到乐曲的旋律，就好像看到了我们纯朴、坦诚的俄罗斯民众。"

"多谢先生的鼓励，我今后还要多吸收民族音乐传统的营养，为我们俄罗斯民众创作出更多他们喜爱的乐曲。"

"您虽然还很年轻，但您很有希望，不，应该说大有希望。"

得到大文豪托尔斯泰的赞扬，柴可夫斯基感到由衷的高兴与自豪。

《如歌的行板》如歌如诉的曲调、鲜明的民族特色也受到世界人民的喜爱。这首四重奏很快在世界各地演出，第二乐章《如

歌的行板》最受欢迎，一些音乐会为此独立演奏这一乐章。这一乐章还被改编成大提琴曲、管弦乐曲。《如歌的行板》逐渐成了柴可夫斯基的代名词，人们听到《如歌的行板》就想到柴可夫斯基，谈到柴可夫斯基就要说到《如歌的行板》。

坚持还是放弃

柴可夫斯基作曲非常注重从俄国民歌中吸取营养，他还很注重创新。他在创作《大雷雨序曲》时就在曲调、配器等方面进行了创新，引起了老师，彼得堡音乐学院院长安东·鲁宾斯坦的不满。1874 年柴可夫斯基又谱写了《第一钢琴协奏曲》，并在创作中大胆创新，没想到又引起安东·鲁宾斯坦的弟弟，莫斯科音乐学院院长尼古拉·鲁宾斯坦的不满。

柴可夫斯基创作《第一钢琴协奏曲》，来源于乌克兰民歌产生的灵感。

在卡缅卡度假时，一天，柴可夫斯基散步走到乡间的集市。他正观看一个老妇人出卖的民间工艺品，忽然听到远处传来悠扬的歌声，他立刻向着歌声传来的方向走去。

在一座木房子的屋檐下，他看到几个盲乞丐在弹着五弦琴歌唱。他们唱着乌克兰民歌，曲调明朗、欢快。这些盲乞丐虽然看不见，但他们的歌声发自肺腑，唱得非常真挚、动情。柴可夫斯

基想，这就是民歌的魅力，它们朴实、纯真，来源于生活，来源于人民的心中，所以最能感染人，也易于流传。他掏出纸笔，一边倾听，一边仔细记下曲谱。

回到莫斯科以后，柴可夫斯基开始琢磨创作《第一钢琴协奏曲》。在卡缅卡听到的盲乞丐唱的民歌不知不觉在他耳边响起。于是，柴可夫斯基就用这乌克兰民歌的曲调为基调，并大胆地在曲调和配器等方面进行了创新，创作出《第一钢琴协奏曲》。乐曲完成后，他觉得很有特色，于是决定把这首满意的乐曲献给最尊敬、最爱戴的朋友尼古拉·鲁宾斯坦，在乐谱的扉页上工整地写下了这行字。想到良师益友尼古拉，柴可夫斯基内心就充满感激之情。来到莫斯科之后，他不但在生活上给自己很大的帮助，在事业上给自己的帮助更大。

柴可夫斯基兴冲冲地拿着乐谱去见尼古拉·鲁宾斯坦。尼古拉看着乐谱扉页献给自己的字样笑着说：

"既然是献给我的，能不能弹奏给我听？"

"好。"柴可夫斯基马上坐到钢琴前弹奏起来。

柴可夫斯基动情地弹完第一乐章，停下来看看尼古拉，尼古拉却不说话，也没什么反映。柴可夫斯基心里一沉，忐忑不安地问：

"先生，您对乐曲有什么看法？"

尼古拉沉默了片刻，有些勉强地说：

"我认为你的这首乐曲同我的艺术标准完全不同，我喜欢古典的、端庄的乐曲，可你的这首乐曲却不是这样。既然不在一个欣赏水平上，我又能说些什么呢？"

柴可夫斯基心想，尼古拉真是同他的哥哥一样，保守、不愿意接受新的事物。但他毕竟是院长，又给自己很多关照，出于尊重，还是应该把乐曲弹完。也许，听完了全部乐曲，他的看法会有所转变的，于是他说：

"先生，请您听完全部乐曲好吗？"

尼古拉微微点点头。

柴可夫斯基弹完全部乐曲后，又小心翼翼地问尼古拉：

"先生，您对整个乐曲有什么看法？"

尼古拉情绪激动起来，他站起来走动着说：

"我认为后面还不如前面，总之，感觉越来越差。这首曲子我觉得不适合演出，毛病很多，我看你还是把它放弃了好。"

柴可夫斯基还是第一次看到尼古拉这样激动，批评这样严厉，他觉得有些接受不了，但他忍住没有吭声，默默拿起曲谱回到自己的房间。

经过仔细研究，柴可夫斯基认为这部《钢琴第一协奏曲》并不像尼古拉所说的那样糟糕，而是一部有特点、有新意的作品，所以他决定不放弃它，而是进一步完善它。于是他参考了尼古拉的意见，对乐曲进行了认真修改，之后把它邮给了德国著名钢琴家汉斯·封·布罗夫。他听过布罗夫的演奏，感觉他也是一个勇于创新的音乐家。

果然，布罗夫很喜欢柴可夫斯基这首《第一钢琴协奏曲》，他回信感谢柴可夫斯基把这首优秀的作品送给他，并表示要在适当时机演出这首乐曲。

1875 年布罗夫到美国演出，他向美国听众演奏了柴可夫斯基

的《第一钢琴协奏曲》，正如他预想的那样，受到听众的热烈欢迎。每场演出结束时，听众都报以热烈的掌声，并要求布罗夫把最后一个乐章再次演奏一遍。

布罗夫把演出的盛况及时写信报告给柴可夫斯基，柴可夫斯基也非常高兴。他感到自己的坚持是正确的，作为一名艺术家，应该勇于坚持自己的创作个性，坚持独立的思考。柴可夫斯基也有隐隐的担心与忧虑，就是害怕这种情况会刺伤尼古拉·鲁宾斯坦的心，他毕竟是自己最尊敬、最爱戴的朋友与师长，但没过多长时间，事实就证明他的这种担心是多余的。

后来，《第一钢琴协奏曲》又在俄国及世界各地演出，同样受到听众的热烈欢迎。令柴可夫斯基感到欣慰的是，尼古拉·鲁宾斯坦在经过一段时间以后，也接受了这部作品，并亲自指挥乐团演奏了这首乐曲。尼古拉的确具备了一流音乐大师的素质，他有着勇于纠正自己错误的勇气，有着宽广、坦诚的胸怀。柴可夫斯基更加尊敬这位亲密的朋友和师长了。

结识梅克夫人

柴可夫斯基于 1873 年创作了钢琴曲《暴风雨》。这首乐曲震撼了俄国一位杰出而又特殊的音乐爱好者——梅克夫人，并因而使柴可夫斯基的命运发生了重大变化。

梅克夫人的父亲非常喜爱音乐，女儿从小就受到父亲的影响和培养，对音乐有很强的欣赏能力。17岁时她嫁给了俄国铁路工程师冯·梅克，并辅佐丈夫在事业上取得重大成功，不但为俄国的铁路建设做出了卓越的贡献，而且获得巨额的财富。

1876年冯·梅克不幸因心脏病而逝世，当年梅克夫人38岁。从此以后梅克夫人就很少过问世事，她把自己关在家里，用欣赏音乐来排遣内心的痛苦与孤独，从音乐中获取安慰与鼓励。

梅克夫人有丰厚的家产，于是她邀请国内外有名的音乐家来她家里工作。他们为她演奏、创作乐曲，她给他们很高的报酬。当然，这些音乐家在梅克夫人家中也能自由地从事自己的音乐研究与创作。

当梅克夫人去法国、瑞士、意大利、西班牙、奥地利等地旅行度假时，她也让家中的乐师随同前往，请他们与自己一起感受这些艺术圣地的音乐之光。

1876年冬，尼古拉·鲁宾斯坦应邀来到梅克夫人家中做客。晚上，探讨和演奏音乐是必不可少的科目。

"夫人，您知道柴可夫斯基吗？"尼古拉谈到他的年轻朋友。

"听说过，但知道得不多。"梅克夫人回答。

"柴可夫斯基虽然还很年轻，名气不是很大，但他却是一个极具潜力的音乐人才，也许，他就是俄国音乐的未来。"

"是吗？"听到俄国最负盛名的音乐大师这么推崇柴可夫斯基，梅克夫人也很感兴趣，"先生，能否请您介绍一下柴可夫斯基的音乐作品。"

"当然可以。我给您弹奏柴可夫斯基的钢琴曲《暴风

雨》吧。"

"谢谢，我洗耳恭听。"

尼古拉坐在钢琴前弹奏起来。

梅克夫人坐在沙发上认真倾听着，很快她就被这首乐曲吸引住了。乐曲的旋律如暴风雨般在她的心灵掀起波澜，她感受到前所未有的震撼。

尼古拉弹奏结束了，他回头看看梅克夫人，只见她呆呆坐在那里，似乎还沉浸在"暴风雨"的洗礼之中。

"夫人，您对这首乐曲感觉如何？夫人……"

尼古拉呼唤了几声，梅克夫人才醒悟过来，她激动地说："这首乐曲太有震撼力、感染力了。能作出这样乐曲的人一定是一位具有崇高、深刻、真诚心灵的杰出艺术家。"

"我刚才说过，柴可夫斯基是一位很有前途的青年音乐家。"

"很遗憾我没有见过这位柴可夫斯基先生，我真的很想结识他，您能否向我介绍一下他的情况？"

"当然可以。"尼古拉讲起柴可夫斯基的情况——他的出身，他所受的教育，他的音乐作品，他的兴趣爱好和性格……

梅克夫人津津有味地听着，她对柴可夫斯基的一切情况都感兴趣。

尼古拉感觉到了梅克夫人对柴可夫斯基的关注，于是不失时机地向她讲起柴可夫斯基在生活上的困难情况：他收入不高，没有自己的住处，要为生存而兼课，这些都对他的音乐创作有影响。

梅克夫人听了这些情况后，沉吟片刻，然后说：

"我愿意资助这位有前途的音乐家。房子、生活、创作的费用，我都可以帮他解决。"

"柴可夫斯基是个很敏感、自尊心特别强、很有个性的人，如果您直接资助他，他可能不会接受的。"尼古拉说。

梅克夫人想了想又说：

"那这样吧，您帮助联系一下，请柴可夫斯基帮我写曲子，我付给他较好的报酬。"

"这个办法可行，这样好。"尼古拉对这个办法很赞赏。

尼古拉回到莫斯科之后，便向柴可夫斯基介绍了梅克夫人，并说梅克夫人邀请他写一首钢琴伴奏曲。柴可夫斯基很快就写出了曲子，并邮给梅克夫人。梅克夫人回信称赞了柴可夫斯基的曲子，说他的乐曲给她带来很大的快乐和享受。梅克夫人并随信邮给柴可夫斯基很高的报酬。

几天后梅克夫人又来信邀请柴可夫斯基写曲子。柴可夫斯基很快又写出第二首乐曲，同样获得很高的报酬。柴可夫斯基在给梅克夫人的回信中说，知道世界上有这样一位热爱、崇拜音乐的人，他感到兴奋和欣慰，并表示愿意结交这样一位知音。两个人就这样开始了交往，相互频繁地通信。

柴可夫斯基很快就发现，梅克夫人不只是喜欢他创作的音乐，更是要通过这种形式资助他，正如尼古拉所说，敏感的他对此感到不愉快。他认为这样匆匆忙忙为梅克夫人写曲子，然后获得高额报酬，时间长了会影响创作的质量，是对音乐的不忠。但梅克夫人对音乐的热爱，对贫困音乐人的热心关怀，还是很令人钦佩、感动的，不能伤了她的心。那怎么办呢？经过思考，柴可夫斯基决定向梅克夫人讲明自己生活的困境，并直截了当地向她借钱，于是他给梅克夫人写信谈了自己的想法。

梅克夫人对柴可夫斯基的坦诚很赞赏。她又提出自己的想法——两个人今后仍经常通信，交流对音乐、对人生的思索，相互在心灵上得到慰藉。她不再向他购买乐曲，而是每年给他一笔充足的生活费，绝不用他还。因为她这样做不只是对他个人的支持，更是对俄国音乐乃至人类艺术的奉献。

柴可夫斯基同意梅克夫人的意见，并衷心感谢她的支持。从此，年轻的音乐家摆脱了生活艰难的困扰，全身心地投入到音乐创作事业中。他的作品越来越多，水平也越来越高，终于登上世界乐坛的高峰。

当柴可夫斯基走向成功之路的时候，梅克夫人也实现了为人类神圣的音乐事业扶植人才、奉献力量的梦想。她的名字，也同柴可夫斯基的名字一样，光荣地书写在人类艺术史上。

失败的婚姻

1877 年，柴可夫斯基已经 37 岁了，但他仍没有结婚，连恋人也没有。他的弟弟、妹妹们早已成婚，家里人很为他的婚姻问题着急，朋友、同事们也为他着急。但柴可夫斯基一心一意从事心爱的音乐事业，对成家立业并不着急，甚至不想考虑，一些姑

娘给他写信表示爱意，他从不回信。

这时柴可夫斯基收到他的一个女学生——安东尼娜的求爱信。因为这封信写得非常真挚、诚恳，又因为写信的人是他的学生，柴可夫斯基破例给安东尼娜写了封回信，但信的内容是回绝了姑娘的爱情，因为他只想为音乐献身，不想为爱情分心。

安东尼娜却对柴可夫斯基特别痴心。她一封又一封地给柴可夫斯基写信，在没有得到回信之后，她竟在一封信中说：

你是我一生中唯一爱恋的人，没有你，生不如死。如果真的得不到你的爱，我将结束自己的生命。但我希望结束生命之前，能单独同你交谈一次，恳求你能满足我这个最后的愿望。

看到安东尼娜这封信以后，柴可夫斯基沉不住气了，他不想让这个年轻姑娘因为他而走上绝路。于是他去同安东尼娜见了面，想当面说服她。

28岁的安东尼娜长得很漂亮，看到心爱的人来会见她，非常激动。她流着眼泪，嘴唇颤抖地说：

"谢谢你，谢谢你能来看我！"

柴可夫斯基很坦诚地说出心里的话：

"安东尼娜，你给我的信我都收到了。你对我的情感使我很感动，但我坦诚地说，我对你并没有爱情，我也不想现在结婚，因为我要把时间和精力都献给音乐。"

"可是我要把一切献给你，一切！如果得不到你的爱，我就不能活下去。"安东尼娜用明亮的大眼睛盯着柴可夫斯基，激动地说。

"可是你要知道，我这个人并不是像你想象的那样好。我有很多缺点：我感情脆弱，情绪很容易波动。我不善交际，有人说我孤僻。我的收入也不高，甚至在生活上还需要别人的资助。我也不善于处理日常生活……也许你与我真的生活在一起，不会感到幸福的。"

"可我爱你，就是爱你。不管你说什么，我都爱你，没有你，我活不了！"安东尼娜伏在柴可夫斯基肩膀上又哭泣起来。

怎么办呢？为了挽救这个姑娘的生命，也许，我不能一口回绝她。于是柴可夫斯基说：

"如果你一定要得到我的爱，同我结婚，那这种爱可能会是兄妹之爱……"

"只要能同你生活在一起就行，只要能同你在一起。我盼望这一天已经很久了，十分渴望得到你的爱，哪怕是兄妹之爱。"

在感情执着而又热烈的安东尼娜面前，柴可夫斯基束手无策了。最后，他答应了她的请求，决定很快同她结婚。

1877 年 7 月 18 日，柴可夫斯基同安东尼娜在教堂举行了婚礼。他在婚礼的前一天才把这个消息通知家人，结果赶来参加婚礼的只有弟弟阿纳托里一个人。

这勉强的结婚正如柴可夫斯基隐隐预感的那样，并没有给他带来幸福。安东尼娜像世俗的妇女一样，热衷于琐碎的家庭生活，她让柴可夫斯基陪她逛街，陪她买衣服和日常用品，又缠着柴可夫斯基布置房间，陪她聊天。一直习惯于一个人安静生活、静心创作的柴可夫斯基对这种家庭生活难以适应，他感到烦躁、

焦虑和不安。在这种状态下，他非但不能创作，连正常、安稳的生活也保证不了。他感到好像患了重病，精神和身体既高度紧张，又非常疲倦。

经过一段时间后，柴可夫斯基实在坚持不下去了，于是他只好对安东尼娜说自己身体极度不舒服，需要到安静的地方去疗养。安东尼娜虽然不愿他离开，但也只好答应了。柴可夫斯基立刻起程去卡缅卡的妹妹家，他的弟弟这时也在那里。

在宁静的卡缅卡，与亲爱的弟妹在一起，柴可夫斯基高度紧张、烦躁的神经松弛了下来，身体的严重不适也得到缓和。他真想就这样住下去，过安静平稳的生活，专心从事心爱的音乐创作。

但新婚的安东尼娜却不愿孤独地生活，她来信催促柴可夫斯基回家同她团聚。在几次催促下，柴可夫斯基只好又返回莫斯科。

可是，安东尼娜琐碎的唠叨和庸俗的生活作风很快又使柴可夫斯基再次陷入病态之中——他睡不着觉，吃不下饭，整天焦躁不安，心烦意乱。没有多长时间，他又坚持不下去了。他只能离开，必须离开，否则就会大病一场，甚至危及生命。他给弟弟写信谈了这种情况。

弟弟阿纳托里非常同情哥哥的处境，他想了个办法，以彼得堡著名音乐指挥纳甫拉夫尼克的名义，给柴可夫斯基发来电报，邀请他前去参加作曲研讨会。

柴可夫斯基接到电报立刻启程去彼得堡。在车站，阿纳托里看到分别一月的哥哥消瘦得不成样子，精神状态也极度低迷。他

把哥哥送进旅馆，柴可夫斯基躺在床上昏迷了两天两夜。医生诊察后，认为柴可夫斯基必须脱离家庭那个环境，否则精神可能崩溃。

为了哥哥的健康，为了能使他继续进行心爱的音乐创作，阿纳托里赶到莫斯科，请求尼古拉·鲁宾斯坦说服安东尼娜，同柴可夫斯基分手，以挽救哥哥和他的创作。尼古拉立刻去找安东尼娜，如实地向她说明柴可夫斯基的状况，并希望她离开他。

安东尼娜在各方面的劝说下同意与柴可夫斯基离婚了。她和他痛苦的婚姻只有数月就归于失败。相互不了解，志向和生活情趣不同，是导致他们离婚的根本原因。虽然离婚了，但柴可夫斯基一直向安东尼娜提供生活费，一直到她逝世。

经历过这次短暂而又痛苦的婚姻，柴可夫斯基终生没有再结婚，他的生活，他的生命，都只属于音乐。

美丽动人的"天鹅湖"

1875 年春天，莫斯科大剧院的艺术指导别吉切夫写出芭蕾舞剧《天鹅湖》的剧本，找谁来为这个剧本谱曲呢？他想到了这时已在音乐界崭露头角的柴可夫斯基。

"柴可夫斯基先生，我最近写了一个芭蕾舞剧剧本《天鹅湖》，想请您谱曲，不知您能不能同意？"别吉切夫用期盼的目光望着柴可夫斯基。

"您的剧本是根据德国那个童话改编的吗？"

"是的，看来您已经读过这个童话。"

"不但读过，我还非常喜欢这个童话。这真是一个充满浪漫情趣、令人深深感动的童话。"

"您这么喜欢这个童话，能答应为这个《天鹅湖》剧本谱曲吗？"别吉切夫乘胜追击。

"好的，我同意为这部芭蕾舞剧《天鹅湖》谱曲。"

芭蕾舞剧《天鹅湖》取材于德国作家莫采乌斯的童话——住在悬崖上的恶魔巴尔特施魔法，把美丽的公主奥杰塔变成了一只白天鹅，白天鹅只有到晚上才能恢复人的身形。勇敢、善良的王子齐格弗莱德到天鹅湖边打猎，发现了奥杰塔的秘密。他非常同情奥杰塔，对这个美丽、纯真的姑娘产生了真挚的爱情。恶魔巴尔特知道了王子与奥杰塔的爱情，又气又急，发誓要破坏王子与奥杰塔的爱情。他派女儿奥季丽雅假扮成奥杰塔的模样，欺骗了王子。当王子发现恶魔的阴谋后，与恶魔父女英勇搏斗，将他们击败。奥杰塔也因此恢复了本来面貌。两个有情人经过磨难终于结成良缘。

这是一个歌颂光明战胜黑暗、正义战胜邪恶的童话故事。

这个故事深深地感染着柴可夫斯基，激发着他丰富的想象力和创造力，他全身心地投入到《天鹅湖》舞曲的创作中。

当年秋天，柴可夫斯基和弟弟莫代斯特到《天鹅湖》童话的故乡——德国旅行。他们沿着美丽的莱茵河旅游到德国首都柏林。沿途的美景、古迹使柴可夫斯基受到熏陶，体味到了《天鹅湖》中应有的古典、梦幻的意境，创作的冲动和灵感不时地激荡着他的心。他似乎看到美丽的白天鹅在清澈的莱茵河上荡漾。天色暗下来以后，白天鹅又幻化变成苗条的姑娘，在河边轻歌曼舞。英俊的王子出现了，他深情地望着姑娘。一个恶魔从河边的古堡中溜出来，扑向纯洁的姑娘。王子立刻挺起胸膛冲向恶魔……在幻觉中一些美妙的音符也如天鹅般飞翔在柴可夫斯基心中。

但柴可夫斯基并没有忙着动笔，他创作过歌剧，但对舞剧的乐曲创作却没有把握。为了写好这部舞剧的乐曲，他专心研究了当代的舞剧音乐，特别是重点研究了"芭蕾音乐之父"德里勃的创作。

舞剧的乐曲要和舞蹈动作紧密、协调地配合，为此柴可夫斯基还到剧场去观看芭蕾舞剧演出，观看演员的舞蹈动作，研究舞蹈的配合和节奏。

经过精心的准备，柴可夫斯基开始动笔创作《天鹅湖》舞曲。他在创作中再次进行了大胆的创新。过去一直把舞剧的乐曲写成舞蹈的伴奏，乐曲自身没有独立性，音乐只是舞蹈的陪伴。柴可夫斯基决心在《天鹅湖》中使音乐成为主导，舞蹈动作和戏剧气氛要随着音乐的旋律、节奏进行。

经过两年的精心创作，1877年，芭蕾舞剧《天鹅湖》在莫斯科大剧院首演。那融入深厚情感的抒情音乐立刻吸引住了观众。观众们还感受到了此剧中音乐的强大作用，这音乐甚至比舞蹈还吸引人，还感染人。许多观众就是为了欣赏舞剧的音乐来到剧场的。

　　《天鹅湖》全部乐曲是由四个各自独立的乐章组成的交响乐。那湖水波动般轻盈的柔板，那如小天鹅欢快戏水般活泼的快板，那歌颂、赞美王子与奥杰塔纯真爱情的抒情乐曲，把观众们带进了如诗如梦的幻境。

　　音乐评论家给了《天鹅湖》很高的评价：

　　《天鹅湖》的音乐使乐迷们享受到了极大的快乐。从音乐的头几小节开始，人们便可觉察出真正大师的手笔，几页乐谱过去后，我们就已经知道，大师当时正处于情绪极佳的状态，而且他的天才正值炉火纯青之时。

　　又一篇评论这样评价：

　　《天鹅湖》的旋律一个比一个优美、动听、诱人。柴可夫斯基掌握了舞剧风格的特点，他适应这些特点，并表现了灵活的创新性。他的音乐是十足的舞剧音乐。

　　《天鹅湖》乐曲不但使舞剧获得成功，乐曲本身也具有极大的独立欣赏价值，在许多音乐会上《天鹅湖》乐曲都被独立地演奏，成为家喻户晓的经典名曲。许多家庭的孩子在进行音乐启蒙时，都以《天鹅湖》音乐为首选作品。

　　柴可夫斯基通过杰出的音乐创作，提高了芭蕾舞剧的整体水平，舞剧音乐从此受到音乐家和听众的重视。人们说，没有

《天鹅湖》，就没有芭蕾艺术。

　　直至今天，《天鹅湖》乐曲仍在世界各地久演不衰，任何一个音乐爱好者，都会非常喜爱这部乐曲，把它的唱片或磁带、歌碟珍藏在家中。

绘画中的灵感

1878 年3月，柴可夫斯基的学生柯代克去彼得堡参加音乐会，回到莫斯科后，他向因病未能亲自去听音乐会的老师汇报音乐会的情况。

"老师，您新创作的交响幻想曲《里米尼的弗兰切斯卡》在音乐会上非常受欢迎。"

"噢？是吗？说一说演出情况，特别是听众的反应。我们写乐曲是给听众听的，一定要注意搜集听众的反应，注意听取群众的意见。"柴可夫斯基看着柯代克说。

柯代克接着往下说：

"音乐厅里坐满了听众。演出开始不久，听众就完全被乐曲吸引住了。他们睁大眼睛，如醉如痴地倾听着，好像他们已经深入到乐曲所描绘的情节中，成为音乐故事中的一个角色。在乐曲演出到高潮时，一些妇女都被乐曲感动得流了泪，一些男听众也擦着湿润了的眼睛。演出结束

75

时听众长时间热烈鼓掌，乐团几次返回台前谢幕。"

柯代克喝了些咖啡，又接着说：

"报纸上的评论也给予很好的评价，说这部乐曲是一部很有个性的作品，非常富有情感，真挚感人。还说这部乐曲很有幻想、浪漫的色彩，将听众带进一个梦幻般的情景中。"

"有什么批评意见吗？"柴可夫斯基问。

"这个，我还没有听到，也没有看到。"

"以后参加音乐活动，要注意搜集各方面的意见。特别要注意搜集批评意见，这样才能有利于我们创作水平的提高。"

"好，我今后一定按照老师的话去做。"

停了停，柯代克又说：

"老师，您能谈谈创作这首乐曲的经过和感想吗？我想写一篇评论，希望老师能向我提供一些情况。"

柴可夫斯基想了想，开始谈一些创作交响幻想曲《里米尼的弗兰切斯卡》的情况：

"这首交响幻想曲我取材于一幅绘画。"

"是吗？我只知道老师读了不少文学著作，您的不少乐曲都取材于文学著作。"

柯代克接着就掰着手指数说起来：

"您的《大雷雨序曲》、歌剧《市长》取材于奥斯特洛夫斯基的剧作；歌剧《禁卫军》取材于拉日契尼科夫的悲剧；歌剧《女靴》取材于果戈里的小说；交响幻想序曲《罗密欧与朱丽叶》、《暴风雨》取材于莎士比亚的戏剧；歌剧《叶甫根尼·奥涅金》取材于普希金的诗体小说……"

柴可夫斯基笑笑说：

"你的记忆力还真不错。"

柯代克也笑着说：

"老师，从绘画中获得灵感的作曲家可不多，能谈谈您是怎么从绘画中获得灵感，创作出交响幻想曲《里米尼的弗兰切斯卡》的吗？"

柴可夫斯基回想片刻后说：

"那是在 1876 年，我去德国音乐大师瓦格纳的家乡参加音乐会，就是在那次音乐会上，我结识了匈牙利著名钢琴家李斯特，我的《罗密欧与朱丽叶》序曲也于这时在德国柏林出版。拿到稿费后，我去意大利旅游，到了位于来得里亚海滨的里米尼。在里米尼，我看到了一幅油画，这就是《里米尼的弗兰切斯卡》，我一下子就被这幅油画吸引住了，感受到这幅绘画中一定有个非常动人的故事。果然如此，当地人向我讲述了这幅油画中的故事：

"许多年前，里米尼有一位特别美丽的姑娘，名字叫弗兰切斯卡。她的父亲是个势利鬼，把她许配给了皇帝詹却托。这个詹却托长得非常丑，他担心美丽的弗兰切斯兰不肯嫁给他，于是就绞尽脑汁想办法。正在他想着鬼主意时，他看到弟弟保罗走进皇宫。保罗又年轻，又英俊，心地温存善良。于是詹却托派人把弗兰切斯卡领到皇宫，让她从远处看到保罗，说这就是皇帝詹却托。弗兰切斯卡一见很喜欢，答应了婚事，并留在了皇宫。到了晚上，詹却托出现在弗兰切斯卡面前，说他才是皇帝。弗兰切斯卡看到詹却托面容丑陋而且凶恶，不仅又气又恨，但后悔已经晚了。弗兰切斯卡偷偷去找保罗诉苦，保罗很同情他，二人暗中相恋。詹却托发现了弗兰切斯卡与保罗的恋情，残酷地杀害了他们……"

说到这，柴可夫斯基难过地停下来。柯代克给老师倒了杯茶水。

柴可夫斯基喝了几口茶水后又开了口：

"看到这幅画后我内心受到很大震动。弗兰切斯卡与保罗相爱的情景，还有他们被杀害的情景久久在我脑海中闪动，随着他们的身影，一些音符也跳动出来。这时我觉得一定要拿起笔来写一部乐曲。"说到这，他看看柯代克，"创作要有感而发，心灵感动了、震撼了，才能产生出好作品。乐曲不是躺在床上瞎编出来的，而是从心中流淌出来的。"

柯代克点点头说：

"老师，我知道了。"

柴可夫斯基又说：

"消灭黑暗，追求光明；打击邪恶，推崇正义是我的理想，也是我创作的主旨，所以我见到能产生类似主题的素材，就有了创作的冲动。创作这首《里米尼的弗兰切斯卡》也是这样。"

柯代克又点头：

"这样的作品才能深深地打动人心。"

柴可夫斯基又说：

"各种艺术都是相通的，相互吸收营养。我们搞音乐的，不能只写乐曲、听音乐，还要从小说、戏剧、诗歌、绘画等艺术形式中吸取营养，寻找动力，这样才能丰富自己的音乐创作。"

"老师，我记住了。"柯代克又点点头。

师生两人倾心交谈，一直谈到很晚。

激昂的《斯拉夫进行曲》

19世纪70年代，土耳其极力向外侵略扩张，发动了对塞尔维亚的战争，又镇压了保加利亚人民反抗土耳其的起义，接着又于1877年同俄国交战。

当柴可夫斯基正与弟弟阿纳托里在意大利旅游、休养时，听到了俄土战争的消息。他关心着祖国的命运，为战争给国家、人民带来的危难而焦虑、担忧。

一天，他与弟弟上街，突然听到一个报童在喊叫：

"看报啦，看报啦，有俄土战争的最新消息！"

柴可夫斯基不由停住脚步，看着那个喊叫的报童。

报童见有人注意他，喊声更大了：

"看报啦，俄土战争的最新消息，俄国吃了败仗！"

柴可夫斯基猛地冲上前，对报童吼道：

"你高声喊叫什么？闭住你的嘴！"

报童原以为这位注视他的先生是要过来买报，没想到他却向自己大声喊叫，他吓呆了。

阿纳托里从未见过一向温和有礼的哥哥发这么大脾气，也愣

住了。但他马上清醒过来，把哥哥拉到一旁，小声说：

"哥，你怎么了？"

"我听到这报童高声叫喊俄国打了败仗，我、我就一股火上来喊了起来。"

"可这报童并不懂什么，他只是要卖报啊。"

"是的，我刚才失态了。你过去替我买份报纸，并道声歉吧。"

阿纳托里按照哥哥的嘱咐过去买了份报纸，并代哥哥道了歉。兄弟两人又继续向前走，柴可夫斯基两眼望着前方，对弟弟说：

"我要作一首乐曲，鼓舞我们的祖国，鼓舞我们的人民，鼓舞他们打胜仗，保卫祖国。"

"作一首进行曲吧，进行曲高亢、激昂，激动人心。"弟弟说。

"对，就作一首进行曲，名字就用咱们民族的名字，《斯拉夫进行曲》。"

"好，这个名字好。"弟弟兴奋地赞成。

回到俄国，柴可夫斯基参加了尼古拉·鲁宾斯坦组织的慈善事业委员会，帮助救助从前线撤回来的伤员，抚恤死难者的家属。他要为自己心爱的祖国尽一份力量。

一天，柴可夫斯基来到一所医院，看望前线归来的伤员。他看到一个极年轻的小伙子，失去了双腿，便痛惜地坐到他的身边。

"小伙子，你是怎么受的伤？"柴可夫斯基和蔼地问。

"我跟着队伍往前冲，突然，一颗炮弹飞来，'轰'的一声，我眼前一黑，就什么也不知道了，醒来后，我发现自己躺在担架上，下身疼痛得厉害。抬头一看，两条腿都没了……"

"现在还疼吗？"柴可夫斯基看看小伙子缠着绷带的下身。

"不太疼了。再疼我也不怕，也能忍受，只是，我以后不能再走路了，我才18岁……"

"是呀，你还是个孩子。"柴可夫斯基握住小伙子的手。

"不过我不后悔，如果有人侵犯你的家乡，你能不起来反抗吗？我父亲也对我说，你的腿是为了祖国而失掉的，值得，你是家乡人的骄傲。"

柴可夫斯基紧紧握着小伙子的手，激昂的旋律在他的耳畔响起：为了可爱的祖国，为了俄罗斯……随着激昂的旋律，他看到俄罗斯的军队高唱着进行曲向前线进发，他们情绪饱满，士气高昂。

在爱国情绪的激励下，柴可夫斯基很快作出了《斯拉夫进行曲》。

"院长，我的《斯拉夫进行曲》完成了。"柴可夫斯基对莫斯科音乐学院的院长尼古拉·鲁宾斯坦说。

"这么快就完成了？"尼古拉·鲁宾斯坦有些惊讶。

"前线英勇作战的将士鼓舞着我，激励着我，所以我写得很快。"

"那你弹奏给我听听吧。"

柴可夫斯基打开钢琴的盖子，把乐曲弹奏给尼古拉·鲁宾斯坦听。

尼古拉·鲁宾斯坦专心听着，脸上露出激动的神色。听完全曲，他拍着手掌说：

"不错，很不错，我都被激动得热血沸腾了。咱们说定了，这首乐曲由我指挥首演。"

"那太好了。"看到一向要求严格的院长对这首乐曲如此感兴趣，柴可夫斯基也非常高兴。

在一次慈善义演音乐会上，尼古拉·鲁宾斯坦指挥演奏了《斯拉夫进行曲》。高昂的旋律，激扬的节奏，使观众热血沸腾，好像正在迈着整齐的步伐奔赴前线。

演奏结束后，观众全体起立，热烈鼓掌，有的观众甚至欢呼起来，情绪非常激昂。在观众的强烈要求下，尼古拉·鲁宾斯坦又连续演奏了两遍《斯拉夫进行曲》。

在俄土战争期间，俄国许多地方都演奏《斯拉夫进行曲》，战士们也哼着进行曲走上前线，这首乐曲极大地鼓舞了人民的爱国热情。

无微不至的"春之女神"

1878年秋，为了全身心地投入音乐创作，柴可夫斯基决定辞去莫斯科音乐学院的教授职务。院长尼古拉·鲁宾斯坦对这位杰出的教授恋恋不舍，但他知道柴可夫斯基的选择对音乐创作更

有利，所以还是同意了。音乐学院为柴可夫斯基举行了盛大的告别宴会，对他13年来为学院所做的贡献，给学院带来的声誉表示衷心的感谢。

柴可夫斯基在莫斯科没有家，离开了音乐学院到哪里去住呢？梅克夫人给他发来电报，让他到她的庄园去居住，她可以为他提供一幢别墅。

柴可夫斯基觉得长期在梅克夫人家里居住不太好，一些人可能会说闲话的。于是他谢绝了梅克夫人的好意，先到卡缅卡妹妹家里去居住。

在妹妹家居住了一个多月，梅克夫人又来信了，说她正在意大利旅行，邀请柴可夫斯基也去意大利旅游、创作，费用都由她承担。

柴可夫斯基应邀来到意大利的佛罗伦萨，梅克夫人在距离自己别墅半英里的地方为他租了公寓。之所以这样安排住处，是因为两个人约定，只通信来往，不见面。确实，两个人已通信交往几年，但相互还未见过面。

走进公寓，柴可夫斯基立刻感受到了梅克夫人对他的细心关怀。桌子上是梅克夫人留给他的字条：

你到了这里，我是多么快乐呀！我希望你会喜欢我为你选择的住处。你是我的贵客，如果需要什么，可立刻告知我每天派去的仆人。祝你在这里生活愉快。

在纸条的下方写着参观风景名胜的路线，供柴可夫斯基参考。

柴可夫斯基又在桌上看到了梅克夫人特意从俄国带来的他喜欢的茶叶，还有给他预备的报纸、杂志。一份杂志刊载着评论柴可夫斯基音乐的文章，这份杂志翻开那一页摆在最上方。梅克夫人考虑得真细致啊，她真是无微不至地关怀着自己。

柴可夫斯基又环视住房，这公寓宽敞明亮，室内的陈设也典雅、高贵。窗外绿树成荫，风景秀丽。这居所真是太舒适了。

梅克夫人无微不至的关怀令柴可夫斯基深深地感动。他坐在宽大的阳台上，回想起与梅克夫人的交往——

都说人生难得一知己，而梅克夫人就是这最难得的知己啊。几年来她慷慨地在经济上资助自己，每年给自己 6000 卢布的生活费。还用了数千卢布帮助自己出版了几本音乐总谱。担心自己工作、创作过于劳累，她每年还安排自己出国旅游、休养……

梅克夫人不但关心自己的物质生活，也关心自己的精神生活。在自己的婚姻遇到问题时，她写信安慰自己，帮助自己摆脱烦恼。她特别关心自己的音乐创作，每当自己的新乐曲演出时，她都去观看，并把感受写信告诉自己，同自己分析、探讨。1878年2月，自己创作的《第四交响曲》在莫斯科公演，梅克夫人不顾正患着感冒，冒雨前去观看。第二天她就发来电报，祝贺演出成功，接着又写信来畅谈对这乐曲的感想。

梅克夫人还多次在信中劝自己注意休息，以保存创作的力量。她在信中说：

你只有休息好，保持身体健康，方能使才华充分发挥，达到

高峰，并长驻高峰。如果我的焦虑对你能起一些作用，如果你能
听我的话多注意一些，那我真是十分快乐了。

自己给梅克夫人回信说：

可我总是休息不下来。乐曲一动笔，我就非把它写完不可。
曲子一写成，又有一种不可抗拒的力量催促我开始写另一部新作
品。对于我，工作就像空气一样不可缺少。当然，对于你的友爱
的劝告，我是非常感激的，我将尽可能地听从你的劝告。

为了自己的身体健康，梅克夫人还时常给自己捎来些营
养品。

童话里常有仙女下凡，帮助穷人或书生的故事，难道这梅克
夫人也是天上下凡的仙女，来帮助自己吗？也许她真的是艺术女
神来到人间。自己的音乐创作没有她的帮助，简直不可想象，甚
至自己的生存都会成问题。有了梅克夫人无微不至的关怀，自己
的音乐创作不但有了保障，而且进步越来越快。人们说自己已经
成功，如果真是这样的话，那么最起码有梅克夫人一半的功劳，
她就是乐坛的"春之女神"啊，给乐坛送来温暖，送来雨露。

梅克夫人这样关怀自己，是为了什么呢？是为了音乐，为了
神圣的音乐。我只有创作出更多更好的乐曲，才是对梅克夫人最
好的报答。我一定要不断地努力……

在回想中，柴可夫斯基感情起伏，不觉产生了写诗的激情，
他在这公寓里写出一首长诗，在诗中把梅克夫人比作"春之女

神"——

> ……
>
> 春之女神来了！
>
> 树林卸下冬装，为我们准备绿荫。
>
> 冰河融化，我久盼的日子终于来临！
>
> 快快到树林里去！
>
> 我在熟悉的小径上飞跑。
>
> 难道真是理想实现，梦已成真？
>
> 对，这正是它！我俯身于大地，
>
> 用我颤抖的手摘下这春之女神的赠品。
>
> ……

写完这首诗，柴可夫斯基把它装进信封里，邮给了梅克夫人，邮给了他心目中的"春之女神"。

卖唱的小男孩

1878 年柴可夫斯基在意大利佛罗伦萨旅行。一天，他在街上散步，路过一座教堂时，听到一个 10 岁左右的小男孩在教堂门前唱歌。"为什么背叛我？为什么遗弃我？……"那男孩的歌

声是那样的清脆动听，柴可夫斯基立刻被吸引住了，停下来侧耳倾听。

听着男孩动听的歌声，柴可夫斯基想到了自己的童年，那时自己的歌声也很好听，家里人都喜欢听自己唱歌，特别是母亲。他又想起了卡玛河边渔夫的小儿子，他的歌声也非常动听……

柴可夫斯基看到小男孩面前的地上，放着一个盘子，里边有一些零钱。这男孩是在卖唱，他的家境一定很贫穷。这本是该上学的年龄啊，可他却在街头卖唱。柴可夫斯基走到小男孩面前，掏出衣袋里的所有零钱，放到小男孩面前的盘子里。

小男孩从未见人一下子给他这么多钱，不由得愣住了，很快他又感激地向柴可夫斯基鞠了一躬，"谢谢您，先生，您真是慷慨。"

"孩子，你唱的是一首意大利民歌吧？"

"是的，我妈妈教我唱的。"

"你可以把这首歌再唱一遍吗？这首歌太好听了，你唱得也好。"

"行，我唱。"小男孩又唱起来。

柴可夫斯基用心地默记着歌曲的旋律。

小男孩唱完后，柴可夫斯基抚摸着他金黄色的头发说：

"孩子，你知道吗？你有一副难得的好嗓子。"

小男孩有些不好意思地说：

"人们都说我有副好嗓子，要不我唱歌也不会有人愿意听，我也不会出来卖唱的。"

"你要保护好你的嗓子，为了将来。将来，你也许会成为一个歌唱家的。”

“……”

小男孩没有回答，他有些茫然地看着柴可夫斯基。他现在还想不了那么远，他想到的是要填饱肚子，帮家里解决困难。

三天后的傍晚，柴可夫斯基又路过这个教堂，他听到那小男孩仍在唱歌，但嗓音已经沙哑了。他走过去。

“孩子，你的嗓音已经沙哑了，你不应该再唱了，应该休息。”

“今天是谢肉祭时节，来教堂的人多，爸爸让我多唱些时候，多挣些钱。”

旁边的一个小贩说道：

“这孩子从早到晚，唱了一整天了，真是可怜哪。”

柴可夫斯基心疼地对小男孩说：

“孩子，你的嗓音条件非常好，以后也许会成为一个优秀的歌唱家的。可是，你要这样不顾疲劳地唱下去，会把嗓子唱坏的，那就太可惜了。”

“可我们家需要钱，我的母亲病得很重，需要钱治病。”

柴可夫斯基沉默了，片刻后他从衣袋中掏出一张大面额的纸币，放在小男孩面前的盘子里。

没想到小男孩把这纸币还了回来：“先生，前两天您已经给了我不少钱，我不能再收您这么多钱。”

“拿着吧，孩子，这样你今天就能回家休息了，你的嗓子需要休息。”柴可夫斯基诚恳地说。

旁边的小贩也劝小男孩：“孩子，好心的先生给你钱，你就拿着吧。拿回家给你妈治病。”

　　小男孩擦擦湿润的眼角，深深地给柴可夫斯基鞠了一躬：
"好心的先生，谢谢您，我和妈妈都谢谢您。""孩子，你要真的
谢我，就把自己的嗓子保养好。我是搞音乐的，知道你的嗓子是
很难得、很宝贵的。"

　　"……"

　　小男孩又用茫然、无奈的眼光看着柴可夫斯基，接着又把头
低了下去。

　　柴可夫斯基感到一阵心疼，难过地转身离开了。

　　走在路上，柴可夫斯基心想，这男孩肯定还要不停地唱下
去，贫困的家境迫使他必须唱下去，直到把嗓子唱坏了。想到这
他心里更加难过，眼角也湿润了。如果这男孩生在一个富裕家
庭，会让他受到良好的教育和良好的音乐训练，那他很可能会成
为一个杰出的歌唱家的。唉，命运真是不公平啊。柴可夫斯基又
想到自己，自己如果没有梅克夫人的资助，也不知道会怎样呢。
这时他的心里充满了对梅克夫人的感激之情。

　　晚上，柴可夫斯基在旅馆的房间里眺望佛罗伦萨的夜景。他
又想起了那个小男孩，不知他现在是否还在教堂门前唱歌。唉，
他要是还唱下去，那副好嗓子一定要唱坏的，那真是太可惜了。
这样的好嗓子，在一千个孩子里也找不出一个啊！可他不唱又怎
么办呢？家里等着用他卖唱的钱吃饭、看病呢。

　　"为什么背叛我？为什么遗弃我？……"

　　柴可夫斯基的耳边又响起小男孩的歌声。这歌声是这样辛
酸，这样悲凉，柴可夫斯基禁不住地流出了眼泪。我要把这歌声
记录下来，把这歌曲的旋律谱写下来，这是对这次意大利旅行的

纪念，是对意大利民间音乐的纪念，也是对这个令人同情的小男孩的纪念。

柴可夫斯基利用在佛罗伦萨度假的时间，把从小男孩那听到的意大利民歌谱成了一支乐曲。在创作的过程中，他眼前总是浮动着小男孩的身影，耳边响着他动听的歌喉。乐曲完成后，他把它邮给了梅克夫人，他想，梅克夫人一定会喜欢这首动人的乐曲的。

果然，梅克夫人不久给他回了信，信中说：

您最近邮给我的乐曲我非常喜欢，这首乐曲具有浓郁的意大利风情，又含有很深的悲剧意味，我听着听着就流泪了。能让人不知不觉流泪的音乐一定是好音乐。谢谢您送给我这么好的乐曲，让我得到最好的精神享受。

荒唐的检查官

1879 年，柴可夫斯基开始了歌剧《奥尔良的少女》的创作。

这部歌剧是根据法国姑娘贞德的故事改编的。少女贞德英勇地参加反抗英国侵略者的斗争，历经许多磨难，但百折不挠。被侵略者逮捕后，她虽然遭受严刑拷打，但坚强不屈，最后从容地走上刑场。

柴可夫斯基看到贞德的故事后被感动得泪流满面，产生了强烈的创作欲望，立即开始《奥尔良的少女》的创作。与以往的歌剧创作不同，这次歌剧的台词脚本也是由他自己编写。他先写出台词，然后为台词谱曲。这一工作非常辛苦，正如他给梅克夫人写信所说：

这一次创作歌剧《奥尔良的少女》，确实会使我的生命缩短若干天。我说不出它是多么地消耗我的精力，也不知道为了抠出一两行文字或曲谱，要吸吮过多少次笔头！有时我要在很短的时间内离开书桌几次，在室内焦急地踱步，因为找不到合适的节奏和韵脚……

但柴可夫斯基仍坚持顽强地进行创作，他谢绝了绝大部分社交活动，闭起门来不停地书写。经过数月的艰苦创作，全部剧本和曲谱都完成了。柴可夫斯基终于松了一口气，感到无比的轻松和愉快。

当时因为俄国国内矛盾日益尖锐复杂，沙皇政府加强了对新闻、文化的检查。柴可夫斯基的歌剧《奥尔良的少女》也得送给检查官检查。由于柴可夫斯基不善于交际，更不愿意与政府冷着面孔的检查官打交道，所以他委托朋友巴拉基列夫打听剧本检查的情况。

一段时间后，巴拉基列夫来到柴可夫斯基家。

"彼得，对你的歌剧《奥尔良的少女》，检查官提出一些修改意见。"巴拉基列夫叫着柴可夫斯基的昵称说。

"什么意见？"

"剧中大主教的名称，应改为游方僧。"

"为什么？为什么要这样改？"

"是呀，我也不明白，我也问检查官为什么？"

"他怎么回答？"柴可夫斯基瞪大眼睛。

"他说你不用多问，我让你这样改，你就得这样改！"

"这简直是毫无道理！他要这样改毫无道理，他这样回答你的提问更是毫无道理！这是野蛮，是蛮不讲理，以势压人！"柴可夫斯基气得眉毛都立了起来。

"我当时也很生气，可我得压住心中的怒火。跟这些粗野的检查官有什么道理好讲呢？何况，得罪了他们，麻烦会更多，他们会鸡蛋里挑骨头的，那样歌剧就更不好通过了。"

柴可夫斯基叹了口气："是呀，你说得也有道理。"停了停他又问：

"检查官还提出些什么？"

"检查官还说，剧中不能出现十字架，所有关于十字架的台词都得删去，舞台上也不能有任何十字架出现。"

"这又是为什么？"柴可夫斯基的眉毛又立了起来。

"我也问了，检查官还是说不要问，让你删就得删。"

"我简直不能相信，这样毫无道理、毫无常识的意见，竟会出自国家检查官之口。作为国家最高检查机关，总要雇用一些有文化常识、有一定知识的人吧？可是，你看现在检查机关都使用了些什么人——无知的白痴，没有教养的野蛮人……"柴可夫斯基气愤地在屋里踱着步子。

"这就是现实，而我们又不能不在这现实中生活。"

"艺术是很复杂的精神创作，也是艺术家个性、灵感的独特表现，它如同那在天空中自由自在翱翔的天鹅一样，是不能受束缚的。把艺术家关在笼子里，或给他设立种种障碍，那是不会产生出好作品的……"柴可夫斯基一边踱着步子，一边激动地述说着自己的观点。

"是的，我完全同意你的观点。但现在我们首先还是要面对现实，想办法让《奥尔良的少女》冲出检查的包围圈。"

"是呀，这就全靠你的周旋了，我呀，想起这些野蛮人就气不打一处来，见到他们，非吵起来不可。"

"你的性格我了解。还是让我去攻破这道障碍吧。"

1881年2月，《奥尔良的少女》最终冲破检查官的束缚得以上演，受到观众空前热烈的欢迎，演出结束时，柴可夫斯基被请到台上向观众谢幕24次。

在台上谢幕时，柴可夫斯基想：如果没有检查官的无理检查和挑剔，这部歌剧会更好，更加受欢迎的。不过谢天谢地，它总算从检查官的手指缝中冲了出来，同观众见面了。

意大利随想曲

柴可夫斯基在意大利旅游了一段时间，回国的日子到了。晚上，柴可夫斯基躺在旅馆的床上，默默地回想着，就要告别意大利了，还真有些恋恋不舍的感觉。

美丽的意大利呀，浪漫的意大利呀，热情的意大利呀……

文人游览了一个好地方，会拿起笔来，写下一篇游记的。作曲家呢，应该谱写一首乐曲，记下他的感受，记下他的随想。我呀，就给这次意大利之旅写一首随想曲吧，就叫《意大利随想曲》。

写《意大利随想曲》，当然要随想意大利，柴可夫斯基不禁回想起来——

印象最深的是意大利的艺术。意大利是艺术圣地，有好多艺术家，好多艺术品……圣·彼埃特罗教堂里的雕塑、壁画，真是动人啊。文艺复兴时期著名的艺术家米开朗基罗的雕塑《摩西》，把这个圣经中的宗教领袖刻画得惟妙惟肖，个性也非常鲜明，让人看了以后就会永远铭记心中。米开朗基罗在西斯廷教堂中的壁画《创世纪》规模宏大，气势雄伟。几百年前就能创作出这样伟大的绘画，真是让人惊叹啊！还有那一直令自己喜爱的意大利歌剧，看了一部又一部，百看不厌啊。啊，还有那让人听了就难以忘怀的意大利民歌：那不勒斯的街头小调，水城威尼斯的船歌……

这些精美的艺术一定要在乐曲中表现出来，要用浪漫而又抒情的旋律来表现。

意大利是个文明古国，这里到处都是古迹——圣彼得大教堂，圣·玛丽亚大教堂，圣·彼埃特罗大教堂，古罗马斗兽场、露天剧场……这些古迹都这样高大、雄伟，有着震撼人心的气势，都是人类文明的奇迹啊！古罗马人的创造力也令人惊叹。

要在乐曲中表现这些古罗马的奇迹，应该运用雄伟而又深沉

的曲调。

意大利的风光真是迷人啊——拿波里的亚热带景色；卡布里岛金黄的沙滩，蔚蓝的海水；苏莲托"蓝色的岩洞"。意大利到处都是鲜花——桃花、杏花、玫瑰花，百花盛开，争奇斗艳，空气里都飘散着令人神清气爽的清香。

美丽的意大利风光要显现在乐曲中，那旋律应该是温柔的、抒情的……

意大利人民热情、豪爽而又潇洒。一次自己去看歌剧，被剧场里的观众认出来了，他们全都站起来向自己鼓掌、欢呼："欢迎，柴可夫斯基！欢迎，柴可夫斯基！"自己感到了荣耀，但又不好意思。当演出结束时，一些观众又走到自己面前，同自己握手，请自己签名留念。那热情的场面让自己心里热浪滚滚。

还有那令人难忘的意大利狂欢节……

1880年的新年，罗马街头的狂欢节真是热闹。穿着鲜艳节日盛装，戴着各式各样假面具的意大利人在街心广场聚在一起唱啊、跳啊，尽情地狂欢。意大利人有天生的好歌喉，世界知名的歌唱家不少，民间的歌唱家也不少。在这民间狂欢节上，好多人的歌唱都高亢、响亮，声入云天。

意大利人民的热情、豪爽，罗马狂欢节的场面和气氛也要写进乐曲里，那旋律应该是热烈的、欢快的。要把狂欢节上演奏的意大利南部"塔兰泰拉舞曲"的旋律融合进去……

柴可夫斯基越想越激动，那些具有意大利风情的音符和曲调也不断在脑海中飘起。他从床上爬起来，拿起笔和纸，开始谱写《意大利随想曲》。一边回想，一边谱写，一直写到深夜……

回到俄国不久，柴可夫斯基就完成了《意大利狂想曲》的全部创作。他又把乐曲首先弹奏给尼古拉·鲁宾斯坦听。

"很好，听着你这首乐曲，我也好像又来到了意大利。"听完全部乐曲，尼古拉·鲁宾斯坦称赞说。

"谢谢您的鼓励。"

"这首乐曲还是由我来指挥首演吧。"

"这是这首乐曲的荣幸。"柴可夫斯基再次向尼古拉·鲁宾斯坦表示感谢。

1880 年年底，这首《意大利随想曲》由尼古拉·鲁宾斯坦指挥，在莫斯科公演，受到热烈欢迎。以后这首热情、浪漫的乐曲成为世界上各种音乐会的常演曲目。

永远的纪念

1881 年年初，柴可夫斯基再次去意大利演出自己的作品。就在他忙着进行一系列音乐活动时，邮差给他送来一封紧急电报。看到这封紧急电报，柴可夫斯基心中就有一种不祥之感。打开电报一看，果然，里面传来了尼古拉·鲁宾斯坦在法国巴黎逝世的消息。这消息使柴可夫斯基十分震惊和悲痛，他颤抖着双手吩咐助手：

"立即结束在意大利的各种音乐活动，购买车票，火速赶往

法国首都巴黎!"

"怎么，出现了什么特殊情况吗?"助手有些紧张地问。

"我最尊敬的朋友、师长尼古拉·鲁宾斯坦在巴黎病逝了，我要赶去参加悼念活动。"

3月25日，尼古拉·鲁宾斯坦的葬礼在巴黎举行，柴可夫斯基及时赶到参加了葬礼。在葬礼上他看到了法国作曲家马斯奈、俄国作家屠格涅夫等著名艺术家。作为闻名世界的音乐家、作曲家、指挥家，尼古拉·鲁宾斯坦的逝世使世界艺术界都为之悲痛。

哀乐奏出令人心碎的旋律，参加葬礼的人排着队，缓缓走进哀悼大厅。身穿黑色丧服的柴可夫斯基也走在队伍中。看着良师益友尼古拉·鲁宾斯坦的遗像，以及布满遗像旁的鲜花，柴可夫斯基心头涌上许多回忆和感慨……

20年前，自己初到莫斯科，是尼古拉热情地接待了自己。他对自己说："柴可夫斯基，音乐是你的职业，这里是你从事心爱职业的地方，用事实证明你是个合格的音乐家吧!"从此以后，他给予自己许多的关怀和帮助。

他让自己住进了他的家，使自己有了安身之处，并在日常生活中给自己很多帮助。

自己的婚姻出了麻烦，他帮助出主意，帮助解决，使自己摆脱了困境。

自己的大部分作品都是由他指挥首演的。他还努力向国外的音乐同行及音乐爱好者推荐、介绍自己的作品。他虽然也对自己的一些作品提出了批评，有些还很尖锐，但艺术也是需要批评的，他的批评使自己的作品得到修改和完善。

为了帮助自己摆脱经济困难，他介绍"春之女神"梅克夫人认识了自己，使自己得到资金上的资助，从此自己可以一心一意地从事心爱的音乐创作。

到目前为止，对自己生活、事业帮助最大的两个人就是梅克夫人和尼古拉·鲁宾斯坦。

回想 20 年来与尼古拉的友谊，柴可夫斯基心头波澜起伏，泪水夺眶而出……他走到尼古拉·鲁宾斯坦遗像前，深深地鞠了三个躬，心里默念着：尊敬的尼古拉·鲁宾斯坦，我永远怀念您，您将永远活在我和全世界音乐爱好者的心中。

为了纪念尼古拉·鲁宾斯坦，柴可夫斯基在《莫斯科公报》上发表纪念文章：

尼古拉·鲁宾斯坦作为艺术家，我一向对他有高度评价。我不用说他对民众的意义，只要想到他是无可替代的艺术家这一点就足够了。在几十年的音乐艺术生涯中，尼古拉·鲁宾斯坦为俄国音乐，为世界音乐事业的发展，做出了不可磨灭的贡献！活在世上的音乐界人士、音乐爱好者，将永远记住这位杰出艺术家谱写的乐谱和他手中的指挥棒。他培养的学生，受过他帮助的音乐界人士，定会沿着他的足迹，继续在开拓音乐事业的道路上跋涉。

对音乐家最好的纪念是什么？是运用音乐的形式来纪念。柴可夫斯基决定再作一首乐曲纪念尼古拉·鲁宾斯坦。他想这首乐

曲要作得富有特色，令人印象深刻，这样才与这位著名音乐家相配。

为了写好这首纪念乐曲，柴可夫斯基绞尽脑汁反复思考、琢磨。最后，他决定作一首钢琴、小提琴、大提琴三重奏曲。这种形式他从未尝试过，别人也很少尝试，但肯定出新，有特色，会给人们留下深刻印象。

在绵延不尽的哀思中，柴可夫斯基开始了三重奏的创作。他写成两个乐章，第一乐章是《哀歌》，表现了作者对挚友的无尽哀悼和思念。在谱写乐曲的过程中，柴可夫斯基的泪水经常情不自禁地流下，滴湿了乐谱。乐曲的曲调充满哀伤、惋惜，寄托着绵绵不断的思念。

第二乐章是以俄国民歌曲调为主旋律，表示尼古拉·鲁宾斯坦是俄国杰出的音乐家。在第二乐章中柴可夫斯基运用了 11 个变奏，是他所写的变奏曲中变化最丰富的一部。通过多姿多彩的音乐旋律，展示了杰出音乐家尼古拉·鲁宾斯坦辉煌的艺术生涯和对音乐不朽的贡献。

经过呕心沥血的创作，柴可夫斯基终于完成了这部纪念尼古拉·鲁宾斯坦的三重奏曲。

在尼古拉·鲁宾斯坦的家中，柴可夫斯基把三重奏曲弹奏给尼古拉·鲁宾斯坦的亲属听。弹奏过程中，柴可夫斯基流着眼泪，尼古拉·鲁宾斯坦的亲属也流着眼泪，他们都沉浸在对尼古拉·鲁宾斯坦的深深怀念中……

演奏结束后，尼古拉·鲁宾斯坦的亲属都站起来向柴可夫斯基鞠躬。

"谢谢您,尊敬的柴可夫斯基先生,谢谢您为尼古拉·鲁宾斯坦创作了这样感人的纪念乐曲。我们家族将世代把这首乐曲传下去,让子孙永远记住尼古拉·鲁宾斯坦,永远记住柴可夫斯基。"

这首三重奏曲在社会公演后也极受欢迎,这是对柴可夫斯基创作才能的肯定,也是对尼古拉·鲁宾斯坦音乐生涯的肯定。以后,这首三重奏曲成为世界上各种音乐会的常演曲目。尼古拉·鲁宾斯坦在钢琴、大、小提琴奏出的动人音乐中得到永远的纪念。

曼弗雷德的困惑

1884 年的一天,柴可夫斯基的朋友巴拉基列夫来家里拜访他。

"彼得,我最近看了一本书,是拜伦的哲理诗剧《曼弗雷德交响曲》,很不错,很受启发。"巴拉基列夫叫着柴可夫斯基的昵称说。

"是吗?这本书好在哪儿?"柴可夫斯基问。

"这本书的主题很深刻,也很现实,它指出了当今人类的病症,这病症在于他们无法保护自己的理想。理想破灭了,心灵中留下的只有苦痛,没有满足。还有,这本书反映了曼弗雷德顽强的求索和奋斗精神。他求索人生的意义和价值，但又没有找到，所以他感到孤独和失望。在人间求索不到，他又下到阴间地府去追求，并同地府的主宰阿尔曼进行了英勇的斗争，显示了坚强不屈的品格和强大的精神力量。"

柴可夫斯基沉思着说：

"你这样说对我也很有启发。人们希望过上理想的美好生活，可现实中却存在着很多苦难和不平。理想和现实冲突着，希望和命运对立着。所以人们有许多苦恼……"

巴拉基列夫接着说：

"所以我认为这本书同我们俄国的现实能对上号，它的主题和内容能打动俄国民众的心。我觉得，你应该依据这本书创作一首交响曲，一定会引起共鸣。"

"我的学生和朋友柯代克最近病重，我要去看望他、照顾他。如果能抽出空来，我要看一看这本书，然后再做决定。"柴可夫斯基回答。

"我希望你抓住这一题材，不要忽视它。"

"放心吧，我会重视这件事的，一定努力不使你失望。"

柴可夫斯基来到在瑞士治病的柯代克身旁。柯代克看到老师来看望、照顾他，既高兴又感动。

"老师，您音乐创作那么紧张，社会活动也不少，还专程赶到瑞士来看我，真让我过意不去。"

"你是我最好的学生和助手，你病了，我怎么能不来看你呢？想到你躺在病床上，我在家里作曲也心里不安啊。"

"老师对我真是太关心了，比亲人还亲。"

"柯代克，我这样做也是有传统的。"柴可夫斯基笑笑说。

"传统……"柯代克有些不解。

"是呀。我在彼得堡音乐学院时，院长安东·鲁宾斯坦对我非常关心，到了莫斯科音乐学院，院长尼古拉·鲁宾斯坦也对我非常关心，这就是传统，我就是在他们的帮助、教育下才有了今天的发展。现在我们是师生，你说，我能不关心你吗？"

柯代克看着老师笑着说：

"如果我有了学生，我也要发扬这个传统。"

在照顾柯代克的同时，柴可夫斯基还抽空仔细阅读了《曼弗雷德交响曲》一书。柯代克治疗的地方位于阿尔卑斯山下。而拜伦诗剧《曼费雷德交响曲》的故事发生地就是阿尔卑斯山。望着阿尔卑斯山的风光，柴可夫斯基不由得触景生情，加深了对《曼弗雷德交响曲》的认识。当他把这本书全部读完时，完全被这本书的力量征服了。"巴拉基列夫的看法是对的，这真是一部震撼人心的杰出著作。我一定要以这本书为题材谱写一部交响曲，这交响曲也会震撼人心的。"

说干就干，柴可夫斯基马上开始动笔谱写交响曲，这首交响曲的名字也叫《曼弗德雷交响曲》。曼弗德雷的精神让柴可夫斯基感动，也催促着他不停地把乐曲写下去。他连续写了四个月，很是劳累，但心里却很愉快，因为这是他愿意做的事。

乐曲写完了，柴可夫斯基把它交给巴拉基列夫，请他提意见。

巴拉基列夫仔细研究了乐谱，然后找柴可夫斯基交换意见。

"怎么样？你对这首交响曲有什么看法？"柴可夫斯基问。

"很好，我觉得很好，把拜伦这本书的精神都体现出来了。"

"我作这首乐曲的时候，就感觉是在为拜伦的书画插图，书中的人物、书中的情节一幕幕都展现在眼前，也都写进乐曲里了。"

"是呀，我也感觉到了。你的交响乐曲，首先是描写曼弗雷德在阿尔卑斯山中徘徊，他被现实中的种种难题所困扰，感到孤独和失望……"

接着乐曲描写了曼弗雷德对人生意义和价值的追求。

乐曲最有魅力之处是展现了曼弗雷德恋人爱斯塔尔蒂的形象，她温柔、纯真、美丽，象征着在现实中无法得到的幸福与光明。这一段抒情音乐非常优美动人……

"你认为这首交响乐曲演出时效果会怎么样？"柴可夫斯基听完巴拉基列夫的意见后问。

"我断定，演出一定会很成功。这样有深刻的主题，饱含着情感，旋律又优美动人的乐曲，不成功才怪呢。"

"但愿你的预想能成为现实。"柴可夫斯基笑着说。

1886 年 3 月，《曼弗雷德交响曲》在莫斯科首演，如巴拉基列夫所言，演出获得成功。当乐曲终止时，全场观众起立，掌声经久不息，响彻音乐大厅。

以后这首交响曲又在彼得堡、第比利斯以及国外的一些城市演出，都获得了很高的评价。

专家评论说，《曼弗雷德交响曲》是柴可夫斯基走向音乐创作顶峰的标志。

捐资办学

1885 年，柴可夫斯基 45 岁。从 1877 年年末离开莫斯科音乐学院以后，柴可夫斯基就一直没有固定的住所。他有时到卡缅卡的妹妹家居住，有时到梅克夫人的庄园居住，每年还要出国旅行、休养，或是参加音乐活动。

但是随着年龄的增长，他越来越感到应该有一个自己的家，有一个固定的住所。这个住所要安静，环境优美，空气清新，这样有利于创作和休息。但住所又不能离莫斯科、彼得堡太远，因为他要经常去这两个城市参加各种音乐活动。

经过精心的选择，柴可夫斯基在赛斯特拉河畔的梅达诺沃村定下了一座房子。这里的环境安静、优雅，有大片的森林、清亮的小溪与河流，空气也非常新鲜。

新居是一座别墅式的建筑，有数个房间，房间很宽敞，光线也很好。住进自己的家，柴可夫斯基感到很温暖、舒服。他为自己安排了规律的作息时间：每天早上 7 点 30 分起床，洗漱后阅读英文或是其他一些书籍。9 点钟散步休息一会儿，然后开始音乐创作。下午 1 点钟午餐，饭后散步片刻，然后继续音乐创作。晚 8 点晚餐，饭后与客人谈天或读书。11 点进卧室休息。

仆人阿列克赛很能干，办事也细心，把柴可夫斯基的生活照顾得很好。他真是很喜欢、很感激这个忠心耿耿的仆人。

在出去散步时，柴可夫斯基看到梅达诺沃村中住着很多贫苦的农民。他们住在矮小阴暗的破房子里，每天辛苦地干活，但却吃不饱，穿不暖。村子里竟然没有一所学校，孩子们都是文盲，不识字，没有受过教育。

一天，柴可夫斯基又去散步，路上遇到一个 10 岁左右的小女孩。小女孩盯着他看。他不由停下脚步问：

"小朋友，你有什么事吗？"

小女孩有些胆怯地问：

"先生，您是柴可夫斯基吗？"

"是呀，我是新搬来的住户。"

"您是音乐家吗？"

"是的，我是搞音乐创作的。"

"那您能教我唱歌吗？"

"你喜欢唱歌？"

"是的。我喜欢别人教我唱歌，我也想上学，在学校里学认字，学唱歌，可村里没有学校。"

"村里像你这样想上学的孩子多吗？"

"挺多的，前天伊凡家来了一个城里的孩子，谈起上学的事，我们村里的孩子都很羡慕。我们要是也能上学就好了。"

"好吧，孩子，你现在就陪我散步，我教你唱一首儿歌。"

"是吗？太好了！"

"还有，以后你们村里也许会有一所小学的。"

"是吗？太好了！柴可夫斯基先生，都说您是一个有本事的

大人物。您来到我们村，一定会给我们村带来变化的。"

散步回来后，柴可夫斯基就考虑能否在村子里办一所小学，满足那些渴望上学孩子的愿望。但他觉得以自己的经济状况，要实现这个愿望还是有困难，于是他去拜访村里的一位神父包留勃斯基。

神父见柴可夫斯基来访很高兴。

"欢迎您，柴可夫斯基先生。您能来拜访我，真使我感到荣幸。"

"神父先生，我来拜访您，是想同您商量一件事。"

"什么事？您请说。"

"咱们村的孩子都想上学，可村里却没有一所学校。我想为孩子们办一所学校，可觉得一个人的力量又不够……"

"噢，先生，你真是一位仁慈的好人。办学校的事我也考虑过，也是感觉到一个人的力量不够。"

"那么我们可以连起手来共同办学吗？"

"可以，当然可以。我非常愿意同先生合作，做成这样一件善事。"

两个人共同出资，村里的乡亲们出力，短短两个多月时间，就把学校建立起来了。村里的二十多个孩子进入学校上了学。

开学的那一天，柴可夫斯基在莫斯科的一些朋友也赶来参加开学典礼。

柴可夫斯基走上讲台致词：

"孩子们，你们盼望已久的学校建立起来了。希望你们在这个学校里努力学习，成为有文化的人。"

这时两个孩子捧着两束鲜花走上前来，把花献给柴可夫斯基和神父。孩子们齐声说：

"谢谢你们，谢谢柴可夫斯基先生，谢谢包留勃斯基神父。我们一定好好学习，成为有文化的人，报答两位好心的先生。"

柴可夫斯基看着可爱的孩子们，心中流过一股暖流。

柴可夫斯基为孩子们上了第一节课——音乐课。

柴可夫斯基的朋友们在私下议论：

"这些孩子真有福气，由俄国第一流的音乐家给他们上音乐课。"

"这些孩子里肯定会出音乐家的。"

"尼古拉·鲁宾斯坦逝世后，莫斯科音乐界的人士，莫斯科音乐学院的师生公推柴可夫斯基担任莫斯科音乐学院的院长。可是他谢绝了，他不愿因烦琐的行政事务而影响他的音乐创作。可是在这小村子里，他却建起一所小学校。"

"这正是柴可夫斯基不同于平常人的高尚之处。"

此后，柴可夫斯基在散步的时候，经常转到学校这里看一看。看到孩子们在齐声朗读课文，或是用心拿笔写字，他露出欣慰的笑容。

重操指挥棒

1886 年，莫斯科大剧院决定上演柴可夫斯基的歌剧《女靴》，由于乐队指挥阿尔塔尼患病，剧院想请柴可夫斯基亲自指挥歌剧的演出。接到剧院的邀请后，柴可夫斯基却犹豫不决。

一般情况下，大部分作曲家都可以指挥乐队演奏自己的乐曲，可柴可夫斯基却从来不碰指挥棒。这是为什么呢？原来，在他年轻的时候，有过一次痛苦的经历。

那是在 1868 年，莫斯科大剧院举行救灾义演，柴可夫斯基创作的一首乐曲也参加了演出。为了使演出获得好的结果，义演的总导演尼古拉·鲁宾斯坦建议柴可夫斯基亲自指挥乐队演奏自己创作的乐曲。

在排练时，柴可夫斯基指挥得很好。他的指挥棒挥洒自如，乐队在他的指挥下整齐有序地演奏，配合得很好。

登上音乐高峰

继莫扎特、贝多芬之后的第三个里程碑。他终于成为俄国音乐的建筑师，成为音乐史上

113

"很好，柴可夫斯基，你指挥得很好。乐队在你的指挥下也排练得很好。"

尼古拉·鲁宾斯坦对排练的效果很满意，对柴可夫斯基的指挥也很满意。

可到正式演出时，却出了大问题。当大幕拉开时，面对坐满全场的观众，柴可夫斯基突然感到一阵紧张，以至于头痛欲裂，似乎脑袋就要从脖子上掉下去。于是他不得不伸出左手支住脑袋，而对摆在眼前的乐谱和记在脑子里的曲谱，他却全都看不见、想不起了，眼前只是一片空白……

柴可夫斯基左手支着头部，右手盲目地挥动着，演出就这样开始并进行着。尽管柴可夫斯基的指挥是错误的，但好在乐队熟悉曲谱，自顾自地演奏下去，并没有出现大错误。可是，演出的效果却受到影响，观众和乐队都在心里笑话柴可夫斯基这个指挥。

"你是怎么搞的，在台上指挥像个木头人。"演出结束后尼古拉·鲁宾斯坦责备柴可夫斯基。

"我，我也说不清是怎么回事。只是，只是在台上不知所措。"

"你呀，险些把我组织的义演搞砸了。排练的时候好好的嘛，怎么一到正式演出就乱了套?"

"对不起，实在是对不起。我也说不清是怎么回事。"

这次可怕的指挥给柴可夫斯基一次沉重打击，从此后他再也没有拿过指挥棒。

这次又接到指挥乐队的任务，晚上，柴可夫斯基在家里思索着，我应该不应该重操指挥棒，担任歌剧《女靴》的指挥？如果拿起指挥棒，再出现 20 年前那可怕的一幕怎么办？可作曲家指挥自己的作品演出，能更好地显现出作品的魅力，因为这是他自己的"孩子"，他熟悉它，了解它。而我却一直没有再指挥乐队演奏自己的作品，这是作曲家的大缺憾哪！难道我一辈子就这样缺憾下去？不，作为一个把音乐视为生命的作曲家，不应该有这样的大缺憾。我要拿起指挥棒，重操指挥棒！

　　柴可夫斯基下定决心，重新拿起指挥棒。当他走到乐队面前，准备指挥他们排练时，心中仍有些忐忑不安，但乐队却向他热烈地鼓起掌来。柴可夫斯基这时意识到，现在的自己已经不是 20 年前的自己了，现在自己已经 46 岁，人到中年，而且在事业上也有了一定成绩，得到人们的承认。柴可夫斯基的信心增强了，他沉稳地将乐队扫视了一遍，然后举起指挥棒，音乐响了起来……

　　指挥乐队排练很成功，演奏家们都认为柴可夫斯基不但是个好的作曲家，而且是个好的指挥家。但柴可夫斯基心里想，正式演出时会怎么样呢？

　　正式演出的一天来到了。大幕徐徐拉开，观众知道柴可夫斯基亲自指挥歌剧的演出，又热烈鼓掌，这更鼓励了柴可夫斯基的信心。他坚定地拿起指挥棒，镇定而潇洒地指挥起来。

　　演奏家们眼望着柴可夫斯基，随着他的指挥棒自如地演奏着手中的乐器，整个乐队配合得天衣无缝。

　　在柴可夫斯基的指挥下，演出获得圆满成功。

　　回到家里后，柴可夫斯基给亲人写信，谈到了对这次演出的

感受:

过去我没有感受过这种喜悦。它是那么强烈,那么不寻常,那么不可言状。如果重操指挥棒的尝试要我同自己做许多艰苦的斗争,如果这种尝试要夺去我几年的生命,那我也绝不惋惜,因为我体验到了无限的幸福和快乐。听众和演员在音乐会上多次向我表示热情的赞许,这个夜晚给我留下了最甜蜜的回忆。

柴可夫斯基又想到尼古拉·鲁宾斯坦。尊敬的朋友啊,如果你还活着,一定会为我高兴的。我克服了20年前那次失败的阴影,又重新拿起了指挥棒,而且指挥得很好。以后,我要亲自指挥乐队演奏纪念你的那首三重奏乐曲,让你的在天之灵看到我挥舞指挥棒的身影,听到我怀念你的声音。

评论界对柴可夫斯基的指挥艺术也给予很高的评价:

柴可夫斯基展示了新的才能,他在这次演出上的表现,表明他是一位精通乐理、信心十足的指挥。他不仅精于向演奏者传达作者的旨意,而且善于激发演员与乐队的灵感。

从此以后,柴可夫斯基经常拿起指挥棒指挥乐队演奏自己创作的乐曲,而且指挥得非常好。这使他的作品更加受到国内外听众的喜爱,也使他杰出音乐家的形象更加完美。

旅欧巡回演出

自从得到梅克夫人的经济资助和精神鼓励，柴可夫斯基的音乐创作进入多产期，在十余年的时间里，他创作了几十首各种体裁的乐曲，而且质量都很高，绝大多数都是精品。这些乐曲不仅在俄国受到广泛好评，而且在世界上流传开来，好评不断。柴可夫斯基的声誉越来越大，他已经成为有世界影响的音乐家。

1887 年底，柴可夫斯基接到数个国家的邀请，开始了旅欧巡回演出。

1887 年 12 月，柴可夫斯基来到柏林。柏林音乐协会隆重地举行宴会欢迎他。

在柏林，柴可夫斯基见到了初恋的情人阿尔托。尽管已经年过五十，但阿尔托仍然很有风采，见到柴可夫斯基，她非常高兴。

"彼得，你的事业是蒸蒸日上啊，我真为你感到高兴和自豪。"阿尔托笑着对柴可夫斯基说。

"你的歌声也依然那么嘹亮、动听。你真是一棵歌坛上的常青树。"柴可夫斯基也笑着说。

"我喜欢听你的乐曲，这些年你写的曲子我能听到的都听了，我觉着越来越好。你是一个真正的作曲家。"

"受到你这位杰出歌唱家的称赞，我更得加劲创作啊。"

"彼得，再为我写一首歌曲吧，我在演出时想演唱你的新歌曲。"

"好的，我的歌曲愿意由你来首演。"

柴可夫斯基说到做到，很快就为阿尔托创作出适合她唱的歌曲。阿尔托请他作一首，他却为她作了六首。阿尔托高兴地在演唱会上演唱了这些歌曲。

在柏林，为柴可夫斯基举行了专场音乐会，柴可夫斯基亲自指挥乐队演出。一些音乐界著名人士专程从外地赶来参加。音乐会演奏了柴可夫斯基的《罗密欧与朱丽叶幻想序曲》、《降 B 小调钢琴协奏曲》、《第一管弦乐组曲》、《第一弦乐四重奏》、《1812 年序曲》等作品，演出受到了热烈欢迎。

在柏林进行完各种音乐活动后，柴可夫斯基来到德国的音乐中心莱比锡，这里举办的"格万豪斯音乐会"世界知名。

在莱比锡，柴可夫斯基结识了德国著名的音乐家勃拉姆斯，这是一个头发、胡子花白、眼珠深灰色的老人。在德国他是可以同贝多芬相提并论的音乐家，威望很高。柴可夫斯基却不太喜欢他的音乐，认为他的乐曲缺少美感。虽然如此，柴可夫斯基对勃拉姆斯本人却很尊敬，因为他很朴实，为人和蔼，对自己也很热情、友好。

在莱比锡，柴可夫斯基还结识了挪威著名的作曲家爱德华·格里格。格里格头发蓬松，眼珠是蓝色的。虽然已经是中年人，但他有时仍显出天真的神态。柴可夫斯基很喜欢格里格的作品，认为他的音乐显现出了挪威自然风光的美，很有浪漫气息。柴可

夫斯基与格里格建立了友谊，以后他还把自己的《哈姆雷特幻想序曲》题名献给格里格。

柴可夫斯基参加了格万豪斯音乐会。这个音乐会的标准是很高的，只推崇海顿、莫扎特、贝多芬三位古典音乐大师，对当代在世界上已很有影响的瓦格纳、伯辽兹、李斯特等音乐家的作品都不接受。柴可夫斯基的作品荣幸地在这次音乐会上演出了，还特地设了专场。

当柴可夫斯基坐进音乐厅包厢时，许多音乐界著名人士及他的崇拜者都过来同他会面、打招呼。在专场演出时，柴可夫斯基亲自指挥乐队演出，效果非常好，极受听众欢迎。演出结束后，音乐会组织者还专门为他举办了庆祝晚宴。

随后柴可夫斯基来到德国汉堡市，参加他的作品音乐会，指挥演出了《第一钢琴协奏曲》、《弦乐小夜曲》、《第三组曲》等作品。汉堡音乐协会的主席拉尔曼特非常喜欢柴可夫斯基的作品，不但热情接待他，还希望他来汉堡定居。为了感谢拉尔曼特的友谊，柴可夫斯基把不久后创作的《第五交响曲》题名献给了这位尊敬的朋友。

结束了在德国的音乐活动后，柴可夫斯基应邀来到捷克的首都布拉格。

火车进入布拉格的车站。柴可夫斯基看到热情的捷克人举着鲜花在欢迎他，并参加了为他举行的隆重的欢迎仪式。

柴可夫斯基在布拉格指挥乐队举行了两场音乐会，轰动了整个布拉格，在捷克全国也产生了很大影响。柴可夫斯基对热情好客又热爱音乐的捷克人怀有很深的感情。

捷克著名作曲家德沃夏克拜访了柴可夫斯基，两个音乐家交谈得非常融洽。德沃夏克把自己的《第二交响曲》赠送给柴可夫斯基。

在法国首都巴黎，柴可夫斯基也受到隆重的欢迎。

在法国，柴可夫斯基举行了三场专场音乐会，都是由他亲自指挥。听众的反应极其热烈，不断地请求把一些乐曲重复演奏。为了把俄国的音乐介绍给法国观众，柴可夫斯基还举办了俄国音乐家作品音乐会，并指挥乐队演奏了格林卡、鲁宾斯坦、巴拉基列夫、里姆斯基、格拉祖诺夫等人的作品。这次演出提高了俄国音乐在世界上的地位，使许多法国听众进一步了解了俄国音乐。

在巴黎很时兴沙龙音乐会，这是一种小型的音乐会，类似于家庭音乐会。柴可夫斯基数次应邀参加了这种音乐会，并演奏了自己的作品。在沙龙音乐会上，他结识了法国著名音乐家古诺、马斯涅等。

英国伦敦对柴可夫斯基的欢迎也同样热烈。在专场音乐会上，柴可夫斯基指挥演奏了数支自己创作的乐曲。以绅士风度闻名的英国人表现出少有的狂热，令柴可夫斯基不得不连续谢幕三次。评论界也在报纸上给柴可夫斯基以极高的评价。

这次旅欧巡回演出历时近四个月。通过在欧洲数国的音乐活动，柴可夫斯基结识了许多音乐界的新朋友，进一步了解了访问国家的音乐，也向这些国家介绍了俄国音乐和自己的音乐，这对世界音乐的发展，起到了积极的推动作用。

版权不卖外国人

乐曲的曲谱可以由乐队演出，也可以由出版商印成书籍出版，这是乐曲发表的两个途径，也是作曲家获得收入和声誉的两个途径。在 19 世纪，还没有录音设备，乐曲要留传下来主要依靠出版成书。因此出版乐谱对音乐家也是一项很重要的事情。在出版界有这么个规律，当你没有名气时，你要找出版商，央求他出版你的作品；而当你有了名气，出版商会主动找你，央求你把作品交给他出版。

19 世纪 80 年代以后，柴可夫斯基的音乐作品在国内外越来越受欢迎，他被选为俄国音乐协会的主席，他的名气在世界上也越来越大。于是，一些外国出版商纷纷找上门来，要出版柴可夫斯基的乐谱。1888 年的春天，柴可夫斯基正在家中作曲，一位德国出版商前来拜访。

"柴可夫斯基先生，我是德国柏林的出版商福斯特纳。"

柴可夫斯基把客人请进屋里，仆人送上咖啡。

"柴可夫斯基先生，我这次来是想同您商量一件事情。"福斯特纳喝了几口咖啡后说。

"有什么事情，您就请说吧。"

"我是一个音乐爱好者,先生的乐曲我是非常喜欢的,百听不厌啊。您前一段时间来德国演出,我有幸倾听了您的专场音乐会,真是精彩,太精彩了!"

"谢谢您的鼓励。"

"先生的乐曲在世界上传播得越来越广,名气也越来越大。您现在可以说是世界著名音乐家了。"

柴可夫斯基对这种吹捧有些反感,他打断福斯特纳的话:

"福斯特纳先生,您有什么事就请直说吧。"

"啊,我,我是先生的崇拜者,也是您的音乐作品的崇拜者。因为崇拜,我想承包下您今后音乐作品的出版权,您今后的所有作品都可以交给我出版,价钱嘛,好商量。"

"我过去的乐谱一直是由俄国出版商尤根孙先生出版的。"

"是的,我知道,不过,我可以出大价钱,可以高出其他出版商几倍,十几倍……"

"不,福斯特纳先生,这件事……"

"如果您还有什么要求,尽管提。价格嘛,也可以由您来定,您说,您想要多少钱?"

"感谢您对我作品的器重,但我的作品不想在国外出版。"

"柴可夫斯基先生,我的出版公司的出版质量是世界一流的,我出的价格也可以说是世界一流,不,可以是世界最高的,请您考虑一下,您应该考虑考虑。我接触过不少音乐家,每一位听到我给的报酬都会动心的。"

"对不起,福斯特纳先生,这件事情我不会有其他考虑的。

我已经决定，今后的作品都由尤根孙先生出版。"

"您不要一口回绝嘛，有什么要求您尽管提，我都可以满足。"

"我的意见已经说过了，我们不用再谈了。"

"请您再仔细考虑考虑，我过几天再来拜访。"

"您不用再来了，我的意见不会改变的。"柴可夫斯基下了逐客令。

不久，俄国出版商尤根孙听说了这件事情，到柴可夫斯基家拜访。

两个老朋友见面，都很高兴。

"你是怎么考虑的？福斯特纳出那么高的条件，你为什么不答应呢？"尤根孙笑着问柴可夫斯基。

"为什么？就因为我最初进行音乐创作的时候，没有人愿意出版我的乐谱，而你却认为我的作品会有前途，宁可赔着钱也出版它们。这一点，我永远不会忘记的。我清楚地记得，当初我的作品使你费了力还赔了钱，我心中很不安，感到对不起你；但你安慰我，鼓励我，说别看现在这些乐谱卖不出去，以后它们会走出国界，在世界上流传的。我说你对我太乐观了，你说你相信自己的音乐感觉，也相信自己的眼光。当初啊，我遭受了不少的挫折，但也有一些真诚的朋友帮助我渡过难关，让我坚持着在音乐之路上走下去。这其中就有你一个。尤根孙，老朋友，我不会忘记的。"

"不过现在情况不同了，你已经是世界著名的音乐家了。据我所知，不只是国内，就是国外也有不少出版商都争着要出版你

的作品，而且稿酬都比我出的高。德国的福斯特纳出的价钱要比我高出几十倍啊。"

"我不是为了钱而创作的。我的乐曲是为了祖国，为了俄国人民而写的。我之所以一定要把我的作品交由你出版，一是因为你最初帮助了我，而且一直帮助我；二是因为你是俄国人，我的作品，应该交给俄国出版商出版，我不想把版权卖给外国人。如果我的作品现在可以赚钱了，我想把这个版权交给你，当初你赔着钱出版我的作品，现在我希望我的作品能让你赚钱。我们俄国的出版商也要走向世界，不是吗？"柴可夫斯基诚恳地说。

"好，我一定用世界的最高标准来出版这些乐谱，让它们能长久地在世界上流传。"

两个老朋友的手紧紧握在一起。

睡 美 人

法国作家培罗蒙写过这样一个动人的童话：

国王夫妇与他们的女儿奥罗拉公主幸福地生活着。奥罗拉16岁生日，王室进行盛大的庆祝活动。来自各国的年轻王子纷纷向美丽的奥罗拉求婚，奥罗拉高兴地翩翩起舞。庆典邀请了许多尊贵的客人，但是没有邀请魔女卡拉波斯，卡拉波斯大怒，乘坐老鼠拉的车子闯入王宫，施展魔法让奥罗拉公主长睡不醒，变成了一个"睡美人"，宫中的人也都随之昏睡过去，王宫变成了一座寂静的森林。

一年又一年，奥罗拉昏睡在床上。国王和王后守在昏睡的女儿身边，也昏迷不醒。宽大的王宫里死一般的沉寂，室内结满了蜘蛛网，落满了灰尘……

这一天，另一国的英俊王子杰齐林偶然走进了王宫，看到了沉睡在床上的"睡美人"奥罗拉公主。他立刻被公主的年轻美貌吸引住了，仔细端详着公主美丽的面庞，情不自禁弯下身子在她的脸上深深地一吻。这时，天空中一阵巨响，魔女的魔法解除了，公主睁开了水灵灵的大眼睛，慢慢坐了起来。国王、王后及宫中的人也都苏醒了过来。王宫里顿时灯火通明，一片欢腾。人们欢庆黑暗的日子已经过去，光明的未来显现在眼前。

国王、王后激动地抓住杰齐林王子的手，感谢他唤醒了女儿奥罗拉，挽救了宫中所有的人。他们还赞叹爱情的伟大力量，同意把女儿许配给王子。杰齐林王子和奥罗拉公主幸福地结合在一起……

1888 年，俄罗斯玛林斯基剧院的院长符谢沃洛古斯基把《睡美人》的故事写成芭蕾舞剧剧本，但由谁来给剧本谱曲呢？符谢沃洛古斯基想起了柴可夫斯基作的《天鹅湖》组曲，那优美的旋律使他经久难忘。于是他邀请柴可夫斯基为芭蕾舞剧《睡美人》谱曲。柴可夫斯基看过剧本以后，也被这个动人的故事吸引住了，他很痛快地答应了邀请。

由于旅欧演出的成功，柴可夫斯基此时的心情很愉快，这种心情正适合美丽童话故事的乐曲创作。他给符谢沃洛古斯基写信说：

你的剧本使我着迷，激起了我的创作热情，构思一个接着一个在我脑中涌现，我想我一定能写出你所期待的音乐。

柴可夫斯基一旦动笔，便以他一向的勤奋精神夜以继日地工作，在创作中，他尝试着把交响乐的手法运用到舞曲中，制造出宏伟的音乐画面。在给梅克夫人的信中他说：

我的舞剧很快即可全部完成，相信这将是我一生中最好的作品。主题非常有诗意，我正埋头工作，我的灵感一定要在音乐中反映出来。当然，配器可能难了些，但我预期乐队的演出效果一定会出色。

柴可夫斯基一进入音乐创作，往往达到忘我的境地。他的外甥女薇拉来看望他，经常看到舅舅会在创作中出现一些出人意料的举动。

一天，柴可夫斯基坐在家中的小花园里作曲。薇拉坐在一旁的椅子上看书。突然，柴可夫斯基站起抓住薇拉的手。

"薇拉，来，我们跳一支舞。"

"舅舅，你怎么了？怎么突然要跳舞？"薇拉惊讶地问。

"我正在为奥罗拉公主的一段舞蹈配乐，可是却找不到好的感觉。我想跳一支舞，也许能找到好的感觉。"柴可夫斯基说。

"好吧，我陪舅舅跳，不过，乐曲演出了舅舅可得付给我一份报酬呀，因为我也为乐曲创作出了力。"薇拉调皮地笑着说。

"没问题，来，小燕子，我们跳。"

两个人哼着舞曲跳了起来。正跳在兴头上，柴可夫斯基突然停下脚步走回到小桌旁。

"舅舅，你又怎么了？为什么不跳了？"

"我好像找到感觉了，我要马上写下来。"柴可夫斯基说完头也不抬地伏在桌上写起来。

薇拉微笑着摇摇头走开了。

又一天，柴可夫斯基在书房里创作，薇拉为舅舅送上一杯咖啡，然后坐在一旁的沙发上看书。

看了一段时间书，薇拉有些疲倦，不由靠在沙发上睡着了。在睡梦中，薇拉似乎听到有人在呼唤：

"奥罗拉，你醒过来。奥罗拉公主，醒来吧……"

这呼唤是这样恳切，这样真挚，使人异常感动。

薇拉不由睁开眼睛，只见舅舅双眼盯着她，口中喃喃地呼唤。

"舅舅，你在召唤谁？"薇拉问。

"我在呼唤奥罗拉，奥罗拉公主，呼唤她醒过来。"

"奥罗拉公主？她在哪儿？"薇拉不解地问。

"啊，我正在谱写奥罗拉公主被施了魔法昏迷不醒的一段乐

曲，看到你在睡梦中，不由得就呼唤开了。"柴可夫斯基笑着说。

"舅舅，你为舞剧谱写乐曲真是走火入魔了，成天都沉浸在梦幻般的戏剧情节中。"

"是啊，我写起乐曲来就是这样，脑子里总是在想着音乐形象，有时候都分不清哪是现实哪是想象了。"

"我说你怎么呼唤我为奥罗拉公主呢？"薇拉又笑开了。

经过数月的辛苦努力，柴可夫斯基完成了芭蕾舞剧《睡美人》的乐曲创作。

此剧在 1890 年在彼得堡公演，观众反映非常热烈。音乐评论家称赞说：

乐曲中充满了美妙的旋律，音乐发出了银白色的柔和光芒。顺着这优美的音乐波浪，人们仿佛进入了一个幻想的仙女世界。

《睡美人》是剧院的"一颗珍珠"，而戏剧中的音乐是柴可夫斯基创作中的"一颗珍珠"，乐曲具有鲜明的民族特性，是一出俄国味的法国童话。

《睡美人》从此一直活跃在世界舞台上，成为芭蕾舞剧的一部经典作品，至今各国芭蕾舞团仍然经常上演这出剧目。

黑桃皇后的秘密

芭蕾舞剧《睡美人》取得成功之后，符谢沃洛古斯基又将俄国著名诗人普希金的名作《黑桃皇后》改编成歌剧，并再次邀请柴可夫斯基为歌剧谱曲。柴可夫斯基在仔细阅读了《黑桃皇后》剧本之后，同意谱曲，并对剧本提出了修改意见。

歌剧《黑桃皇后》讲述了一个很曲折的故事：

青年盖尔曼爱上了富有的伯爵夫人的孙女丽莎，丽莎也爱上了他。但盖尔曼十分贫穷，与丽莎地位相差悬殊，因此他的爱情之路充满荆棘。为了实现爱情理想，盖尔曼一心想着发大财，变成一个富翁。盖尔曼打听到，伯爵夫人有三张带有魔力的纸牌，拥有了这三张纸牌，就能成为赌场上的"常胜将军"，就能靠赌博发大财，于是他千方百计把三张神秘纸牌搞到了手。

盖尔曼用两张神秘纸牌在赌场上连战连胜，赢了很多钱，但可惜的是，他被金钱迷住了双眼，忘记了取得纸牌是为了获得爱情。所以他在有了钱后仍然想着赌博，想要获得更多的金钱。当他运用第三张纸牌"黑桃皇后"再赌博时，他赌输了，输得很惨。遭到沉重打击后，盖尔曼活不下去了，用自杀结束了自己的生命。在临终前，他又想起了与丽莎的爱情，但一切都晚了……

这个悲惨而又有深刻含义的故事深深震撼了柴可夫斯基的心。为了专心给剧本谱好乐曲，他来到意大利的佛罗伦萨静心创作。在创作中，他仍像以往一样，感情非常投入，完全深入到角色中去……

一天晚上，仆人阿历克赛到柴可夫斯基写作的房间招呼他吃晚饭，但招呼了两声他都没应声。阿历克赛走近仔细一看，柴可夫斯基眼睛直直的，手还在微微颤抖。阿历克赛害怕了，俯下身轻声对柴可夫斯基说：

"先生，您怎么了，是不是不舒服？"

柴可夫斯基慢慢回过神来，说：

"我正写到盖尔曼窃取三张纸牌的一段，我的心感到恐惧，心灵也在颤抖……"

"先生，饭已经好了。您起身活动活动，散散心，然后吃饭吧。"

"好吧，我到外面走一走，稳定一下情绪，要不，饭是吃不下去了。"

又一天晚上，阿历克赛给柴可夫斯基送咖啡，一走进他写作的房间，他又愣住了：柴可夫斯基伏在桌上痛哭着。阿历克赛担心地走上前问：

"先生，您怎么了？先生……"

柴可夫斯基慢慢停止了哭泣，看着乐谱说：

"我写到了盖尔曼临死的一段，心里不好受啊。一个原来挺好的青年，就这样自尽了……盖尔曼对于我来说，不仅是写一段音乐的依据，而且是真正的活生生的人，是我十分同情的人……"

"先生，您谱曲的这部歌剧公演后，我一定要去看。您花费了这么大的心血，投入了这么多的精力，写出来的作品一定非常好。"

"我的心血是花费了不少，精力也没少用，但是不是好作品，还得由观众来评说。阿历克赛，等《黑桃皇后》演出后，我请你去看剧。你也为这出剧的创作出了不少力呀。"

"先生，我可是没为这部剧写一个字、一个音符啊。"

"可你精心照顾我，我才能一心一意地创作。你为这部剧出了力，付出了辛苦呀。"

"先生，我是您的仆人，照顾好您是我的职责。"

"我没有妻子，没有子女，只有你长年与我生活在一起，陪伴我，照顾我。在我的眼里，你就像我的兄弟，像我的亲人啊。"

"先生这么说，真是使我感动啊。"

柴可夫斯基在歌剧《黑桃皇后》中，对青年盖尔曼的堕落和毁灭寄予了丰富的情感，对少女丽莎也同样寄予了丰富的情感。柴可夫斯基在乐曲中歌颂了丽莎不嫌贫爱富、不爱慕虚荣、只追求真实纯洁爱情的美好品质。在丽莎的音乐形象中，柴可夫斯基寄托了对人类的美好期望。

柴可夫斯基就这样怀着满腔的激情，只用七个星期就创作完成了歌剧《黑桃皇后》的乐曲创作。

回到俄国后，柴可夫斯基将尤根松、拉什金两个朋友邀请到自己家中。

"二位知道我今日为什么邀请你们来吗？"柴可夫斯基笑着问两个朋友。

两位朋友相互看看，都摇摇头。

"我的《黑桃皇后》乐曲谱写完了，今天想给二位内行试弹一下，听听你们的意见。"

"这么快就谱完了？"两位朋友都觉得惊奇。

"这个故事像瀑布一样冲击着我的心，催促着我不停地写下去，不写完内心就安静不下来，所以一口气就写出来了。"

"那你就快弹给我们听听吧。"

柴可夫斯基坐到钢琴前，弹起了《黑桃皇后》的乐曲。

两个朋友都是品评音乐的专家，他们坐在客厅里仔细倾听着。

柴可夫斯基全神贯注地弹奏起来，弹到悲伤处，他竟泪流满面，双手颤抖，弹不下去了。

两位朋友也眼含热泪，默默坐在一旁，音乐的无穷力量使他们的内心涌起波涛……

柴可夫斯基控制住自己的情绪，又专心把乐曲弹奏完。他抬起头望着两个朋友，用眼睛征求他们的意见。

两位朋友谈出了共同的看法："这部歌剧是你用心、用血、用充沛的情感写成的，正因为如此，这部歌剧具有了非同一般的艺术魅力。"

歌剧《黑桃皇后》于1890年12月在彼得堡首演，之后又在

俄国的莫斯科、基辅及国外的一些大城市上演，都引起轰动。人们认为，这部歌剧是柴可夫斯基音乐事业达到顶峰阶段的标志。至今这部歌剧仍是世界一些大歌剧院的保留剧目。

神奇的胡桃夹子

　　胡桃夹子是西方儿童熟悉的一种器具，成年人常常把胡桃夹子当做玩具送给儿童，做为祝贺生日或节日的礼物。

　　这是一个很流行的有关胡桃夹子的童话故事：

　　圣诞之夜，美丽活泼的小姑娘克拉拉的家里来了很多亲戚、朋友，他们都给克拉拉带来了圣诞礼物。这些礼物中有一件是主体雕刻成王子的胡桃夹子。克拉拉非常喜欢这件礼物，可这胡桃夹子被她淘气的哥哥弗里兹弄坏了，克拉拉非常伤心。

　　半夜了，克拉拉来到客厅看望受伤的胡桃夹子，她被眼前的情景惊呆了：胡桃夹子变成了一位英勇的王子，正率领着士兵同作恶多端的老鼠王的部队作战。起初克拉拉还有些害怕，但她很快就鼓起了勇气，加入到王子一方同老鼠战斗。老鼠王终于被打败了，王子和克拉拉欢庆胜利。为了感谢克拉拉的帮助，王子带克拉拉去糖果王国旅游。

　　在糖果王国，王子、克拉拉受到女王的热烈欢迎，她祝贺王子刚刚取得的胜利，并在宫中举行了盛大的庆祝晚会。令克拉拉感到神奇的是，这些舞蹈都是由糖果、茶点表演的，有巧克力表演的活泼、潇洒的西班牙舞；咖啡表演的朦胧、神秘的阿拉伯舞；茶叶表演的灵活、轻盈的中国舞；冰糖表演的热烈、奔放的俄罗斯舞；杏仁表演的牧羊舞；酒心糖表演的浪漫的法国舞；最后是蛋糕上的奶油花表演的华丽的花之舞。克拉拉与王子看得高兴极了，不断惊叹他们的高超舞蹈技艺和优美舞姿。

最后克拉拉戴着糖果女王赠送的王冠，怀着依依不舍的心情与王子一起离去……

这时克拉拉苏醒过来，原来是做了一个美妙的梦，刚才的一切都是梦中的情景。

"怎么样？老朋友，我已经把《胡桃夹子》这个童话改编成了芭蕾舞剧，你能不能为这个舞剧谱曲？"玛林斯基剧院的院长符谢沃洛吉斯基再次向柴可夫斯基发出邀请。

尽管柴可夫斯基当时有很多事务缠身，但他还是答应了为《胡桃夹子》谱曲。

1891年年初，柴可夫斯基遇到很多事情，有愉快的，也有痛苦的。愉快的事情是欧洲一些国家又邀请他去参加音乐活动，而美国则第一次邀请他去参加演出活动。痛苦的事情是他亲爱的妹妹不幸病逝。就是在这种复杂的情况下，柴可夫斯基开始了芭蕾舞剧《胡桃夹子》的乐曲创作。

在最初开始创作时，柴可夫斯基很难安下心来，脑子里总在映现着妹妹亚历山德拉的影子。妹妹亚历山德拉一直关心着自己的生活。自己没有家庭，很长时间就住在卡缅卡妹妹的家中。妹妹为自己保留了一个房间，布置得很舒服，还配有一架高质量的钢琴，供自己作曲用。在工作、生活遇到困难时，妹妹总是想办法安慰、帮助，使自己渡过一个个难关。妹妹又是自己音乐事业的有力支持者，她精心地照料自己的生活，安排了良好的创作环境。自己在妹妹家里，创作出了《第二交响曲》、《弦乐小夜曲》、《1812年序曲》、《第三交响曲》、《第四交响曲》以及歌剧《禁卫军》、《奥尔良的少女》等作品。自从母亲去世后，妹妹在很大程度上代替了母亲来关心照顾自己，世界上像她这样的好妹妹真是少有啊。可是现在，亲爱的妹妹却先于自己离开了人世，太让人痛心了！

也许，妹妹的在天之灵能看到自己，那么她最想对自己说什么？一定是希望自己创作出更好的作品。自己对妹妹的最好怀念，就是创作音乐。这个念头使柴可夫斯基渐渐安下心来，投入到《胡桃夹子》的音乐创作中。

在第二次赴欧洲的演出活动中，柴可夫斯基指挥乐队演出了自己的一些重要作品。在演出的间隙，他仍挤出时间进行《胡桃夹子》的创作。

这次赴欧演出，柴可夫斯基有一个意外发现。一天，他参加一个沙龙音乐会，听到一种从未听到过的新乐器发出的声音。这种声音介于钢琴和钟声之间，清脆而又洪亮。柴可夫斯基一贯富于创新精神，对新鲜事物有着浓厚的兴趣，他立刻被这种声音吸引住了。若把这种声音运用到《胡桃夹子》一剧中，肯定能起到特殊的艺术效果。《胡桃夹子》的剧情富有梦幻色彩，而这种声音也使人产生梦幻般的感觉。

沙龙音乐会结束后，柴可夫斯基马上走到主人身边，向他打听这种新乐器的情况。

"啊，这种新乐器名叫'钢片琴'，正如您所说，它的声音介于钢琴和钟声之间，既有钢琴的清脆，又有钟声的洪亮。"主人热情地向柴可夫斯基介绍。

"我想买一架这种'钢片琴'，运回俄国去，可以吗？"

"当然可以，我愿意效劳。很快您就会在俄国见到这种钢片琴。"

"谢谢您，您真是太好了。"柴可夫斯基表示感谢。

"您是我们尊贵的客人，为我们带来了美妙的音乐，能为您服务是我们的荣幸。"

热情的主人说到做到，钢片琴很快被运到了俄国。

欧洲之行后，柴可夫斯基又赶赴美国，这是他第一次踏上美洲大地。

美国人民以空前的热情迎接柴可夫斯基。在纽约的四场专场音乐会场场爆满，许多美国的知名人士都赶来参加，听众的掌声和欢呼比欧洲听众还热烈。

在纽约，柴可夫斯基度过了 51 岁生日。美国的钢琴制造商欧内斯特·纳布送给他一件珍贵的礼物——自由女神像的袖珍复制品。柴可夫斯基非常喜爱这件生日礼物，把它视为美国人民友谊的象征。美国其他地方也给柴可夫斯基邮来贺信、贺卡或是礼物，祝贺他的生日，这使他感到高兴，也有些惊讶，他没想到自

己在美国的知名度会这么高。

在美国其他城市，柴可夫斯基的演出也受到同样的热烈欢迎。美国人民的热情使柴可夫斯基从忧郁、痛苦的阴影中走了出来。在演出的间隙，他不顾疲劳地坚持《胡桃夹子》的创作。

从美国回国后不久，柴可夫斯基完成了芭蕾舞剧《胡桃夹子》的全部音乐创作。当《胡桃夹子》的乐曲在莫斯科音乐会上演出时，人们的喜爱程度超出柴可夫斯基的想象，其中五首主要乐曲应听众的要求重复演奏了一遍。更使柴可夫斯基感到高兴的是，钢片琴的运用在乐曲中确实起到了良好的效果，听众很喜欢这种新奇乐器发出的奇妙声音。

《胡桃夹子》音乐在世界也取得极大的声誉，至今是很多国家圣诞节必演的剧目。人们把《胡桃夹子》、《睡美人》、《天鹅湖》称为"杰出的俄国三大芭蕾"。实际上，这三部由柴可夫斯基作曲的芭蕾舞剧不只是俄国的"三大芭蕾"，也是世界芭蕾的经典，至今在世界各地常演不衰。

《悲怆》

1891 年，度过 51 岁生日的柴可夫斯基已经显现出衰老的状态。他的头发和胡子都花白了，脸上也有了不少皱纹，看上去比实际年龄要大得多。过度的劳累，没有家庭的生活，以及生活、事业上的磨难是催促他衰老的主要原因。

就在这一年，柴可夫斯基在事业上又遭到一次沉重打击。秋天，他新创作的《降 E 调第六交响乐》完成了，可是自己弹起来一听，却感到很失望，这首乐曲是一个空洞无物的东西，没有灵感，也没有真的情感，只是一个为了写作而写作出来的东西。我怎么能写出这样的东西？我怎么能允许这样的东西存在？柴可夫斯基悲愤地把乐谱撕得粉碎，一边撕一边想：难道我真的老了吗？难道我的灵感和才能丧失了吗？

一连数日柴可夫斯基都闷闷不乐，他不知道下一步该怎么办，不知道自己的生命还能奏出什么样的曲调，他处在迷茫中……

命运就是这样，当它给你一次打击时，有时又会给你一次补偿。冬天，法兰西学院给他发来了聘书，聘请他为院士。接着，英国剑桥大学又给他发来信件，通知他已被授予该院的名誉音乐博士学位，这种学位该院只发给世界最著名的音乐家。再接着，柴可夫斯基又收到彼得堡音乐学会的奖章……

这个世界还需要我，这个世界对于我，一个音乐创作者还有热切的期望……我要继续创作，为了这个世界，为了活在这个世上的人类……

柴可夫斯基望着镜子中的自己，一个头发、胡子花白的老人，似乎觉得自己的生命路程已经不多了，他想写一部作品，一部总结人生的音乐作品。于是他开始写作又一部交响曲——

《第六交响曲》。

1893 年年初，柴可夫斯基开始了《第六交响曲》的创作。这部交响曲是他对人生的总结，也是对命运看法的总结，乐曲也显现了他对俄国命运的看法。

在柴可夫斯基看来，人生有欢乐，但也有悲酸，似乎悲酸要大于欢乐。他对俄国命运，对俄国人民的命运，也很担忧。19 世纪末的俄国，已是千疮百孔，人民生活贫困，沙皇政府的统治越来越严酷。而在世界上，局部战争不断发生，世界大战的危险也越来越严重……

怀着对人生的迷惘，对祖国、人民命运的关心，对人类命运的担忧，柴可夫斯基创作着最后一部交响曲。

仆人阿历克赛多次看到柴可夫斯基在这次创作中痛哭流涕。他担心地询问情况，但柴可夫斯基只痛苦地摇头，并不说什么。

确实，柴可夫斯基内心很痛苦，他为祖国、人民、人类的命运而痛苦。他一生都在追求光明，反对黑暗，这种追求反映在他的很多作品中，成为这些作品的主题。可是他追求的光明却难以显现，而黑暗却总是很浓重，像漫漫的黑夜……

柴可夫斯基在给外甥达维多夫的信中，谈到了创作《第六交响曲》的构思：

我在旅行期间就打着这部交响曲的腹稿，不时地落下泪来。现在我回到了家中，专心致志地起草这部作品。我的创作情绪很激烈，它催促着我不到四天时间就写出第一乐章。其他部分也在脑海里形成了清晰的轮廓。在曲式方面，这部作品将会有许多新颖之处，比如末乐章不再是一个响亮的快板，而是一曲悠长的慢板。

1893 年 8 月，柴可夫斯基完成了《第六交响曲》的总谱。人们从乐曲中清晰听到了作者的心声。

第一乐章：一个饱尝人生辛酸的老人在倾诉。美好的理想和丑恶的现实对立着。希望渺茫，心中悲伤。但他还是要挣扎，要燃起渴望的火焰。

第二乐章：用圆舞曲的旋律描绘梦中的理想世界，其中也夹杂着理想难以实现的忧伤和悲凉。

第三乐章：由神秘、变幻莫测的曲调组成。显示出作者内心的强烈困惑，也留给听众一个谜，一个关于命运的难以解开的谜。

第四乐章：重现了第一乐章压抑、沉闷的气氛，创造了一个深刻的悲剧形象。这个人物面临着死亡，但他又留恋生命，留恋人生，要同死亡和黑暗斗争。斗争是激烈的，也是残酷的。乐曲的最后，一切都归于沉寂……

尤根孙要出版这部《第六交响曲》，他希望给这首乐曲再起一个明确的、具有形象性的名字。

柴可夫斯基与弟弟莫代斯特商量这件事情。

"你的这首乐曲很悲伤，充满悲剧意味。能不能就用'悲剧'命名？"莫代斯特说。

"'悲剧'？不行，这个名字不行，太浅白了，也不好听。"

柴可夫斯基对这个名字不满意。

莫代斯特在室内踱着步子，苦苦思索着。突然，他脑子里又冒出一个词：

"'悲怆'，'悲怆'这个名字行吗？"

"'悲怆'？嗯，好！这个名字好！'悲怆'。"柴可夫斯基兴奋地拍着手。他站起来，在乐谱的首页写上了"悲怆"两个字。

《第六交响曲》——"悲怆"是柴可夫斯基最后一部交响曲，也是他最有名的一部交响曲，谈到柴可夫斯基的交响曲，人们首先想到的就是《悲怆》。它也是人类交响曲中的精品，至今仍在各种重要音乐会上演奏，也被收录到各种音乐唱片、磁带、光盘中。

致命的一杯水

1893年10月下旬，柴可夫斯基在彼得堡指挥演出了《第六交响曲》。11月2日晚，他与弟弟莫代斯特和外甥们一起去剧院观看了奥斯特洛夫斯基的话剧《火热的心》。

看完剧之后，柴可夫斯基和亲友们一起到列依涅拉饭店吃饭。在饭店里点好了菜，柴可夫斯基看着侍者说：

"请给我倒一杯开水。"

"对不起，先生，开水没有了。"侍者说。

"那就给我来一杯凉水吧。"柴可夫斯基说。

这时弟弟莫代斯特连忙劝告哥哥：

"哥，不要喝生水，城里现在正流行霍乱，喝生水有危险。"

"不要紧，喝一杯凉水不会有事的。"

"哥，还是注意些好。"弟弟又劝道。

"我渴得厉害，就让我喝一杯凉水吧。"

就这样，柴可夫斯基喝下了一杯侍者端来的凉水。

吃完饭回到旅馆休息。到了半夜，柴可夫斯基感到胃里很不舒服，折腾了一夜，通宵未睡。但为了不影响别人，他没有招呼其他人。

第二天一早，弟弟过来看他，他难受得不想起床，神情很痛苦。

弟弟很为他担心，对他说：

"哥，咱们去看医生吧。"

柴可夫斯基摇头："不，不用，也许是我的胃又出毛病了，过一会儿就会好的。"

"哥，还是小心些好，城里现在正流行霍乱，还是去看医生吧。"弟弟又劝道。

"不，你不要神经过敏，不会有什么事的。"

柴可夫斯基硬挺着从床上爬起来，洗脸、刷牙。

到了中午，柴可夫斯基仍很难受，望着桌上的饭菜，他一口也吃不下去。莫代斯特觉得情况不好，母亲就是得霍乱病病逝

的，一些症状同柴可夫斯基现在的情况很相似。于是他请来了医生别尔金森。别尔金森诊断后，觉得情况不好，为了慎重起见，他又请来别里纳尔多维奇医生会诊。两个医生会诊后，确认柴可夫斯基患了霍乱，那一杯凉水很可能就是传染的元凶。

医生们全力为柴可夫斯基医治。亲友们细心地护理柴可夫斯基。但柴可夫斯基的病情却越来越严重。

"我可能不行了，要离开人世了，得向你们告别了。"柴可夫斯基吃力地对亲友们说。随后他就昏迷不醒。

在昏迷中，柴可夫斯基还不断呼唤梅克夫人的名字，他念念不忘这个对他一生帮助最大的妇人。

四天后，1893年11月6日凌晨3点，俄罗斯伟大的作曲家、享誉世界的音乐大师柴可夫斯基停止了呼吸。

伟大音乐家逝世的消息震动了俄国，人们怀着悲痛的心情，来到柴可夫斯基的灵前向他告别、致哀。从早到晚，人流不断。鲜花堆满了灵堂。

彼得堡和莫斯科两个俄国最大的城市发生争论，都要求将柴可夫斯基葬在本市，因为这是城市的荣誉。最后由俄国政府下令，决定将柴可夫斯基葬在彼得堡。

11月9日，彼得堡举行庄严的安葬仪式。在庞大的送葬队伍里，走着俄国的艺术家、官员、学生、工人、农民，还有来自世界的艺术家和柴可夫斯基的崇拜者。送葬的队伍绵延不绝。沿途建筑物的窗口、阳台甚至屋顶也都站满了人。人们怀着无限的

悲痛、无限的惋惜向心爱的音乐家告别。

一周后，为悼念柴可夫斯基，在彼得堡的会议大厅举行了柴可夫斯基《第六交响曲——"悲怆"》的演奏会。悲壮的乐曲响彻大厅，挤满大厅的人们都泪流满面，晶莹的泪水中有对乐曲的感动，更有对音乐大师的怀念。

1894年之后，人们在柴可夫斯基的故居，他的故乡沃特金斯克和他的经常居住地卡缅卡建立了柴可夫斯基纪念馆。每年柴可夫斯基的诞辰和逝世纪念日，音乐家都在这些地方举行纪念音乐会，演奏柴可夫斯基的作品。

现在世界每四年要举行一次柴可夫斯基音乐会，演奏柴可夫斯基的作品，纪念这位音乐巨匠。这个音乐节已连续举办了十几届。

柴可夫斯基音乐具有极强的民族性，他把俄国的民间音乐、俄国人民的生活和心声融入到自己的音乐中。他的音乐又非常有个性，有独创性，并吸收了世界许多国家音乐的精华。他的音乐又深刻宏大，寄托着对人类的关怀和希望。这些就是他的音乐为世界人民所喜爱的原因。

柴可夫斯基是人类音乐史上最勤奋的音乐家。在30年的创作生涯里，他创作了几十部大型音乐作品，其中有芭蕾舞剧音乐3部，歌剧11部，交响乐曲12部，序曲、组曲、协奏曲、奏鸣曲、重奏曲、钢琴曲150余部，为话剧配乐3部，此外，还改编、创作歌曲200余首，翻译、编写音乐理论著作6部。在人类音乐史上，像柴可夫斯基创作出这样多精品的音乐家是极少的。

20 世纪以后，举世公认柴可夫斯基是继莫扎特、贝多芬之后，人类音乐史上的第三个里程碑，他的音乐将永远在人类的耳边回响，感染着人类的心灵。

公元纪年	年龄	记事
1840 年 5 月 7 日		生于俄罗斯伏特金斯克市。
1850	10	进入彼得堡法律学校学习。
1859 – 1862	19 – 22	在司法部任文书。
1862 – 1866	22 – 26	在彼得堡音乐学院学习。创作《大雷雨序曲》、F 大调和 C 小调序曲、大合唱《欢乐颂》。
1866 – 1877	26 – 37	在莫斯科音乐学院任教授。这期间创作歌剧《市长》、《妖女》、《禁卫军》、《铁匠瓦库拉》，芭蕾舞剧乐曲《天鹅湖》，以及第一、第二、第三交响曲等数十首乐曲及歌曲。结识梅克夫人。同安东尼娜结婚，不久又离婚。
1878	38	创作《第四交响曲》、歌剧《叶甫根尼·奥涅金》。
1879	39	创作《第一管弦乐组曲》、歌剧《奥尔良的少女》。

年谱

公元纪年	年龄	记事
1880 – 1887	40 – 47	进入创作高峰期。创作歌剧《马捷帕》、《女靴》、《女巫》以及《第五交响曲》、《意大利随想曲》、《曼弗雷德交响曲》等数十首乐曲、歌曲。取得世界著名音乐家的声誉。赴欧洲巡回演出。
1888 – 1890	48 – 50	创作芭蕾舞剧《睡美人》、歌剧《黑桃皇后》。
1891 – 1892	51 – 52	赴美国演出。创作芭蕾舞剧《胡桃夹子》、歌剧《约兰达》。第二次赴欧演出。被法兰西学院聘为院士，被英国剑桥大学授予名誉音乐博士学位。
1893	53	创作《第六交响曲》，11 月 6 日在彼得堡逝世。